明永樂内府本四書集注大全

第五册

明 胡廣等撰

中國國家圖書館藏明永樂十三年内府刻本

山東人民出版社·濟南

論語集註大全卷之七

述而第七

此篇多記聖人謙己誨人之辭。及其容貌行事之實。凡三十七章

子曰。述而不作。信而好古。竊比於我老彭。好，去聲

述傳舊而已。作則創始也。故作非聖人不能。而述則賢者可及。記曰作者之謂聖述者之謂明竊比尊之之辭。我親之之辭。老彭商賢大夫。見賢遍反大戴禮虞德篇有商老彭之語。包氏註云。商賢大夫蓋信古而傳述者也。孔子刪詩書。定禮樂。贊周易。修春秋。皆傳先王之舊。而未嘗有所作也。故其自言如此。蓋不

惟不敢當作者之聖而亦不敢顯然自附於古之賢人。蓋其德愈盛而心愈下不自知其辭之謙也。朱子曰。孔子賢於堯舜。非老彭之所及。自不須說。但其謙退不居。而反自比焉。且其辭氣謙遜。而又出於誠實。所以爲盛德之至也。然當是時。新安陳氏曰。此以下。推廣餘意作者略備夫子蓋集群聖之大成而折衷之。其事雖述而功則倍於作矣。此又不可不知也。問述而不作。如何。程子曰。此聖人不得位。止能述而已。○問聖人不得時不得位只如此。聖人得時得位。時更有制作否。朱子曰。看聖人告顏子四代禮樂。只是恁地。恐不大段更有制作。亦因四代有此禮樂而因革之。亦未是作處。○問春秋恐是作否。曰。其事則齊桓晉文。其文則史。其義則丘竊取之矣。看來是寫出魯史。中間微有更改爾。○問信而好古。曰。既信古。又好古。今人多信而不好。或好而不信。如好之者。他也且恁地說。信之者。雖知有箇理恁地。畢竟是欠了箇篤好底意思。○楊氏曰。孔子自謂述而不作。孟子言孔子作春秋。春秋雖孔子作。然其事則桓文。其文則史。孔子自謂其義則某竊取之。是亦述而已。○慶源輔氏曰。作者略備。觀諸經可見。集大成而折衷之。亦於諸經見之。然群聖所作。因時制宜以成一代之制。夫子折衷。參互訂正。以垂萬世之法。夫子賢於堯舜者在是。○雙峯饒氏曰。春秋雖因魯史而脩之。然實却是作。葢賞罰天子之事。時王不能正其賞罰。故春秋爲之褒善貶惡。以誅亂賊於既死之後。是以匹夫而代天子行賞罰也。此事前古所無。孔子始創爲之。故雖述而實作。集大成者。常見孟子集註。書述政事。詩道性情。禮以正行。樂以養德。各是一事。如樂之小成。夫子合六經而折衷之。如樂之集衆小成而爲大成。○新安陳氏曰。諸家說此章多於述作二字著意。信而好古一句則忽略之。夫信而好古。乃述而不作之本。夫子嘗自謂好古敏以求之。又謂不如某之好學。常人之所以不知好古。不能好學。皆信道不篤故爾。惟能篤於信道。所以深好古道。惟篤信好古。所以惟述古而不敢自我作古焉。此朱子今人多信而不好。或好而不信一條。所以不可無也

○子曰。默而識之。學而不厭。誨人不倦。何有於我哉。識音志。又

如字

識記也。默識謂不言而存諸心也。朱子曰。非是聽人說後記得。是得於心自不能忘。拳拳服膺而勿失也。○雙峯饒氏曰。默識與道聽塗說者相反。道聽塗說更不復留爲身心受用。默識則其所得者深。而所存者固矣。詩云。中心藏之。何日忘之。易曰。默而成之。不言而信。存乎德行。皆是此意。○勿軒熊氏曰。先言默識者。聖門之學以沉潛淵默爲本。一說。識。知也。不言而心解也。前說近是。新安陳氏曰。不言而存諸心者其功實。不言而心解者其意玄。何有於我言何者能有於我也。三者已非聖人之極至。而猶不敢當。則謙而又謙之辭也。朱子曰。默而識之至誨人不倦是三者雖非聖人之極至。在學者亦難。如平時講貫。方能記得。或因人提撕。方能存得。若默而識之。乃不言而存諸心。非心與理契。安能如此。學不厭。在學者久亦易厭。視人與己若無干涉。誨之安能不倦。此三者亦須是心無間斷方能如此。又曰。今學者須是將此三句時時省察。我還能默識否。我學還不厭否。我教還不倦否。如此乃好。○默而識之。便是得之於心。學不厭。便是更加講貫。誨不倦。便是施於人也。○問何有於我哉曰。此語難說。聖人是自謙言我不曾有此數者。聖人常有慊然不足之意。衆人雖見他是仁之至熟義之至精。他只管自見得有欠闕處。○此必因人稱聖人有此。聖人以謙辭承之。記者失却上一節。只做聖人自話記了。○南軒張氏曰。默識非言意所可及。蓋森然於不覩不聞之中者也。在己則學不厭。施諸人則教不倦。成己成物之不息也。此亦是作知識說。○雲峯胡氏曰。學貴自得。故在默識。自得而不自以爲得。故學而不厭。自得而必欲人之同得。故教而不倦

○子曰。德之不脩。學之不講。聞義不能徙。不善不能改。是吾憂也

尹氏曰。德必脩而後成。勉齋黃氏曰。脩。治也。謂去其疵纇而全其善也學必講而後明。上蔡謝氏曰。學須是熟講學不講。用盡工夫。只是舊時人見善能徙改過不

吝此四者日新之要也苟未能之聖人猶憂況學者乎

朱子曰脩德是本如有害人之心便是仁不脩有穿窬之心便是義不脩德是理之得於吾心者已是我有底物事了更日日磨礲勿令間斷從義改不善須與分別義是事之宜我做這事覺未甚合宜須從令合宜此却未有不善處不善便是過惡須速全體改之始得有輕重之別○須實見得是如何德是甚麼物事如何喚做脩如何喚做不脩人而無欲害人之心這是德得之於吾心也然害人之心或有時而萌者是不能脩者也德者道理得於吾心之謂脩者好好脩治之謂更須自體之須把這許多說話做自家身上說不是爲別人說○問德之不脩可以包下三句否曰若恁地夫子但說一句便了何用更說四句從義改過略似脩德裏面事然也別是箇頭項講學自是講學脩德自是脩德如致知格物是講學誠意正心脩身是脩德博學審問謹思明辨是講學篤行是脩德又曰不善自家做得淫邪非僻底事從義是雖無過惡然做得未恰好便是不合義若聞人說如何方是恰好便當從而從之聖人說這幾句淺深輕重盡在裏面聞義不能徙底界小不善不能改

底罪大。但聖人不分細大都說在裏面。學者皆當著工
夫。○問先知德不可不脩方知學不可不講。能講學方
能徙義。能徙義方能改不善。如此看如何。曰。脩德是本。
脩德恰似說入則孝出則弟謹而信汎愛衆而親仁。學
不可不講。恰似說行有餘力則以學文。遷善改過是脩
德中緊要事。蓋只脩德而不遷善改過。亦不能得長進
○德之不脩至是吾憂也。這雖是聖人以此教人。然學
不厭之意多見於此。使有一毫自以爲聖。任其自爾則
雖聖而失其聖矣。此是聖人自憂也。聖人固無是四者
之憂。所以然者。亦自貶以教人之意。○南軒張氏曰。夫
德不脩則無以有諸躬。學不講則無以明夫善。聞義不
能徙則何有於義。不善不能改則安於不善而已。是豈
不可憂乎。○勉齋黄氏曰。德以脩而日新。學以講而日
明。徙義則善日益。改不善則過日損。四者脩身之大要
也。不此之務。可無憂乎。○雲峯胡氏曰。德必脩而後新。
學以講而益新。徙與改皆是自新。故尹氏以爲日新之
要。○新安陳氏曰。脩德而繼以講學。如尊德性而道問
學是也。脩德爲大本。講學爲實功。徙義改不善。脩德之
條目而講學之效驗也。脩德而能講學。則行己應事。如
能知其孰爲義孰爲非義。孰爲善孰爲不善。必徙之改

之。始可以爲脩德。始無負於講學矣。不然。德之不脩自若也。學亦徒虛言之講耳。聖人不自聖。猶以是爲憂。此聖所以益聖。常人不知憂。憂聖人之憂。此愚所以益愚也

○子之燕居。申申如也。夭夭如也

燕居。閒音閑暇無事之時。楊氏曰。申申。其容舒也。夭夭。其色愉也胡氏曰。申有展布之意。夭有和悅之意。惟身可言舒布。故知以容言。惟顔貌可言和悅。故知以色言。○洪氏曰。易於形容所不能言者。必曰如。至鄉黨一言之不足。則復言之。與此義同○程子曰。此弟子善形容聖人處也。爲去聲申申字說不盡。故更著陟畧反。作着非。下同夭夭字。今人燕居之時。不怠惰放肆。必太嚴厲。嚴厲時。著此四字不得。怠惰放肆時。亦著此四字不得。惟聖人便自有中和之氣上蔡謝氏曰。善觀聖人者。可以得之於儀刑。蓋周旋

中禮者。必其盛德之至。是以二三子無時不觀省於斯焉。燕居。非鞠躬如不容之時。是以其容申申。非跼蹐屛氣之時。是以其色夭夭。此之謂中節。○朱子曰。申申是言其不局促。是心廣體胖後恁地。所謂色愉。只是和悅底意思。但此只是燕居如此。在朝又接人又不然。○問申申夭夭。聖人得於天之自然。若學者有心要收束。則入於嚴厲。有心要舒泰。則入於放肆。惟理義以養其氣。養之久。則自然到此否。曰。亦須稍嚴肅則可。不然則無下手處。又曰。但得身心收斂則自然和樂。不是別有一箇和樂。纔整肅則自和樂。○胡氏曰。程子以怠惰放肆對嚴厲而言。於嚴厲上加大字。蓋嚴厲亦不可無。大嚴厲則不可耳。○南軒張氏曰。燕居時在衆人易以怠肆君子則未免矜持。安有此氣象。○慶源輔氏曰。燕居閒暇無事之時。故其容儀得以遂其舒緩而無迫遽之意。其顏色得以全其愉怡。而無勃如之變。申申夭夭。聖人燕居容色自然之符也。○新安陳氏曰。雖閒居時其德容亦自然中和如此。此所以爲聖人也。聖人閒居中和之氣。乃德性中和之符。程子所謂自有中和之氣自然也

○子曰甚矣吾衰也久矣吾不復夢見周公復扶又反

孔子盛時志欲行周公之道故夢寐之間如或見之至其老而不能行也則無復扶又反下同是心而亦無復是夢矣故因此而自歎其衰之甚也朱子曰據文勢甚矣吾衰也是一句久矣吾不復夢見周公是一句惟其久不夢見所以見得是衰○新安陳氏曰此亦道不行之符兆自見於吾身者

程子曰孔子盛時寤寐常存行周公之道及其老也則志慮衰而不可以有爲矣蓋存道者心無老少之異而行道者身老則衰也朱子曰夫子夢寐周公正是聖人至誠不息處然時止時行無所凝滯亦未嘗不灑落也故及其衰則不復夢亦可見矣若是合做底事則豈容有所忽忘耶○問伊川以爲不是夢見人只是夢寐常存行周公之道耳集註則以爲如或見之不知果是如何曰想是有時而夢見既分明說

夢見周公。全道不見。恐亦未安。程子之意。蓋嫌於因思而夢者。故爲此說。其義則精矣。然恐非夫子所言之本意也。○問孔子夢周公。若以聖人欲行其道而夢之耶。則是心猶有所動。若以壯年道有可行之理而夢之耶。則又不應虛有此朕兆也。曰。聖人曷嘗無夢。須看他與周公契合處如何。不然。又不見別夢一箇人也。聖人之心自有箇勤懇惻怛不能自已處。自有箇脫然無所繫累處。要亦正是以此卜吾之盛衰。○問夢周公是眞夢否。曰。當初思欲行周公之道時。必亦是曾夢見。曰。恐涉於心動否。曰。心本是箇動物。怎教他不動。夜之夢猶晝之思也。思亦是心之動處。但無邪思可矣。夢得其正何害。心存這事。便夢這事。○問夫子未嘗識周公。烏得而夢之。曰。今有人夢見平生所不識之人。云是某人者。蓋有之。○不是孔子衰。是時世衰。聖人與天地相應。君天要用孔子。必不教他衰。如武王、太公皆八九十歲。○戴少望謂顏淵死。聖人觀之人事。鳳不至。圖不出。聖人察之天理。不夢周公。聖人驗之吾身。然後知斯道之果不可行。而天之果無意於斯世也。這意思也好。○吾不復夢見周公。自是箇證兆如此。當聖人志慮未衰。天意雖定。八分猶有兩分運轉。故也做得周公事。遂夢見之。非以思慮也。要之聖人精神血氣與時運相爲流通。到鳳不至圖不出。明主不興。其證兆自是恁地。○胡氏謂聖人誠存。則其夢治。他人思慮紛擾。則所夢亦亂。或邪或正。與旦晝之所爲等爾。善學者既謹其言動。而又必驗諸夢寐之間也。○南軒張氏曰。夫子夢見周公之心。周公思兼三王之心也

○子曰。志於道

志者。心之所之之謂。新安陳氏曰。所之之。往也。道則人倫日用之間所當行者是也。朱子曰。志道。如講學力行皆是。知此而心必之焉。則所適者正。而無他岐之惑矣。朱子曰。志於道。志字如有向望求索之意。大學格物致知。即其事也。又曰。志於道。不是只守箇空底。須是至誠懇惻。念念不忘。所謂道者。只是日用當然之理。事親必要孝。事君必要忠。以至事兄而弟。與朋友交而信。皆是道也。志於道者。正是謂志於此也。○胡氏曰。道。猶路也。故適字。他岐字。皆自路言之。○新安陳氏曰。知此二字是朱子說志道以前事。必知道而後志向在道。即知止而

後有定。知至善之所在而後志有定向也

據於德

據者。執守之意。德則行道而有得於心者也。得之於心而守之不失。則終始惟一。而有日新之功矣朱子曰。德是得這物事於我。故事親必孝。必不至於不孝。事君必忠。必不至於不忠。若今日孝。明日又不孝。今日忠。明日又不忠。是未有得於我。不可謂之德。惟德是有得於我者。故可據守之也。若是未有得於我。則亦無可據者。○問據於德。曰。如孝便是自家元得這孝道理。非從外旋取來。據於德乃是得這基址在這裏。○德是心得此道。如欲爲忠而得此忠。欲爲孝而得此孝。既得之。亦會失了。須當照管不要失了。○新安陳氏曰。未得之。志在必得之。既得之。方有可據守。但又在守之固耳

依於仁

依者不違之謂。仁則私欲盡去而心德之全也。工夫至此而無終食之違則存養之熟無適而非天理之流行矣朱子曰。依如依乎中庸之依。相依而不捨之意。此心常在。不令少有走作。無物欲之累。而純乎天理。道至此亦活。德至此亦活。○德是逐件上理會底。得寸守寸。得尺守尺。仁是全體大用。常依靠處。志道據德而有一息之不仁。便間斷了。○據德。是因事發見。如因事父有孝。因事君有忠。依仁。是本體不可須臾離底。又是據於德底骨子。○陳氏曰。志道。是一心向聖人路上行。據德是志道工夫成向之所志者。今皆實得於已。如有物可執據。依仁則據德工夫熟。天理與心爲一矣。據如手執杖。依如身著衣。杖容有時而離手。衣則不容須臾離身。一節密一節也。○西山真氏曰。道者。衆理之總名。德則行衆理而得於心者。仁則心之全德也。志乎道而弗他。可謂知所嚮矣。仁則歸宿之地。而用功之親切處也。

游於藝

游者玩物適情之謂。胡氏曰。玩物本非美辭。然以六藝爲物而玩之。非喪志之物也。○陸氏曰。游如人之游觀。有時而爲之。藝則禮樂之文。射御書數之法。皆至理所寓。而日用之不可闕者也。朝夕游焉以博其義理之趣。則應務有餘。而心亦無所放矣。胡氏曰。藝亦日用之不可無者。乃是理之妙散於日用間。苟有未通。亦爲全體之累。○此章言人之爲學當如是也。蓋學莫先於立志。志道則心存於正而不他。據德則道得於心而不失。依仁則德性常用而物欲不行。慶源輔氏曰。天理人欲不兩勝。一盛則一衰也。游藝則小物不遺而動息有養。慶源輔氏曰。不外物以求理。而常玩物理以養性。學者於此有以不失其先後之序、輕重之倫焉。則本末兼該。內外交養。日用之間無少間去聲隙。乞逆反而涵泳從七容反容。忽不自知其入於聖賢之域矣。慶源輔氏曰。先後之序。謂道德仁藝之序。輕重之倫。謂志據依游之倫。先者重。後者輕也。本與內。謂道德仁。末與外。謂藝。在彼之序雖有先後。在我之倫雖有輕重。而未嘗偏廢。所謂兼該而交養也。日用之間如是用功。無少間隙。涵泳從容於義理事物之間。則將優游饜飫。而忽不知其入於聖賢之域矣。○朱子曰。志於道。方是要去做。方是事親欲盡其孝。事兄欲盡其弟。方是恁地。至據於德。則事親能盡其孝。事兄能盡其弟。便自有這道理了。却有可據底地位。雖然如此。此只是就事上逐件理會。若不依於仁。則不到那事時。此心便没頓放處。依於仁。則自朝至暮。此心無不在這裏。連許多德總攝貫穿都活了。雖然。藝亦不可不去理會。如禮樂射御書數。一件事理會不得。此心便覺滯礙。惟是一一去理會。這道理脉絡方始一一流通。無那箇滯礙。因此又却養得這道理。以此知大則道無不包。小則道無不入。小大精粗皆無滲漏。皆是做工夫處。故曰語大天下莫能載。語小天下莫能破。○志者。心之所之。道者。當爲之理。爲君有君之理。爲臣有臣之理。志於道。留心於此理而不忘也。德者，得也。既得之，則當據守而弗失。仁者，人之本心也。既有所據守，又當依於仁而不違，如所謂君子無終食之間違仁是也。游於藝一句比上三句稍輕，然不可大段輕說，如上蔡云「有之不害爲小人，無之不害爲君子」，則是太輕了。古人於禮樂射御書數等事皆至理之所寓，游乎此則心無所放，日用之間本末具舉，而内外交相養矣。○自志道至依仁，是從粗入精；自依仁而游藝，是自本兼末。○藝是小學工夫，若論先後，則藝爲先，三者爲後；若論本末，則三者爲本，而藝爲末。習藝之功固在先，游者，從容潛玩之意，又當在後。文中子云「聖人志道據德依仁，而後藝可游也」，此說得自好。○問：道爲義理之總名，何也？曰：道以人所共由而得名，若父子之仁、君臣之義者是也。曰：德者己之所自得，何也？曰：若爲父子而得夫仁，爲君臣而得夫義者是也。曰：其志之、據之，何也？曰：潛心在是而期於必至者，志也；既以得之而謹守不失者，據也。曰：不違仁者柰何？曰：吾於顔子之事既言之矣。敢聞六藝之目與所以游之之說。曰：五禮，吉、凶、軍、賓、嘉也。六樂，雲門、大咸、大韶、大夏、大濩、大武也。五射，白矢、參連、剡注、襄尺、井儀也。五馭，鳴和鸞、逐水曲、過君表、舞交衢、逐禽左也。六書，象形、會意、指事、轉注。假借。諧聲也。九數。方田。粟米。差分。少廣。商功。均輸。方程。贏不足。旁要也。是其名物度數。皆有至理存焉。又皆人所日用而不可無者。游心於此。則可以盡乎物理。周於世用。而其雍容涵泳之間。非僻之心。亦無自而入之矣。蓋志據依游。人心之所必有而不能無者也。道德仁藝。人心所當志據依游之地而不可易者也。以先後之次言之。則志道而後德可據。據德而後仁可依。依仁而後藝可游。以疎密之等言之。則志道者未如德之可據。據德者未如仁之可依。依仁之密乎內。又未盡乎游藝之之周於外也。詳味聖人此語而以身體之。則其進爲之序先後疎密。皆可循序以進。而日用之間。心思動作無復毫髮之隙漏矣。○勉齋黃氏曰。道者義理之總名。德者吾身所學而有得之善。仁者本心之德。藝者六藝之事。是四者皆人所不可不留意者。但三者最重而藝稍輕。四者之序。則志者向之而不忘。據者守之而不失。依者隨之而不離。是三者皆不可須臾捨也。游則若用力若不用力而已。上三者則互舉並行而不相悖。游藝則有不必專心致志耳。○問志於道一章。古者八歲即教之以六藝之事。明爲學之所當先也。今於此章末言之。而朱子復以爲學者於此當求其先後之序輕重之倫。

似以藝爲可後抑志道據德依仁是大學之事而游藝
乃大學之極功耶潛室陳氏曰此却有首尾本末與前
章別教之六藝小學之初事游於藝文成德之餘功小
學之初習其文成德之游適於意生熟滋味迥別○胡
氏曰道德仁所當先藝可以少後志據依所當重游可
以少輕務本而不廢其末事內而不忽乎外以其先後
輕重之倫序而言固不無差別以其本末兼該內外交
養而言則又未嘗不相資也○雙峯饒氏曰志道如人
行路據德如行路而有宿泊處依仁則又就宿泊處漸
漸立得家計成却安居了游藝如居家有時出游也須
游於藝若游從別處去則出乎道德仁之外而爲放心
矣○新安陳氏曰志道據德而依於仁則本之立於內
者旣粹由此而復游於藝則末之該於外者不遺能深
用功於本而以餘功及其末則內外交養而體用益貫
矣

○子曰自行束脩以上吾未嘗無誨焉

脩脯也十脡他鼎反爲束古者相見必執贄以爲禮禮曲禮下

凡摯。與贄同天子鬯。諸侯圭。卿羔。大夫鴈。士雉。庶人之
摯匹。鄭氏音木。匹。卽鶩也童子委摯而退。摯之言。至也
童子委摯而退。不與成人爲禮也野外軍中無摯。以纓
拾矢可也。纓。馬繁纓也。拾。射韝也婦人之摯椇榛脯脩
棗栗束脩其至薄者。胡氏曰。在禮無以束脩爲贄惟記檀
弓曰。束脩之問不出境。少儀曰。其以
乘壺酒束脩一犬。穀梁傳曰。束脩之問不行境中。則是
亦有以此爲禮。不但婦人用脯脩爲贄也。然比羔鴈爲
薄。故云至薄○邢氏曰。此禮之薄者。厚則有玉帛之類
故云以上以包之○齊氏曰。漢諸王致禮於其傅猶曰
束脩蓋古禮也蓋人之有生同具此理故聖人之於人無不欲
其入於善。但不知來學則無往教之禮。記曰。禮聞來學。不聞往教。故
苟以禮來則無不有以教之也問束脩。始相見之禮也。人苟以禮來。聖人未嘗
不誨之。蓋辭氣容色之間。何莫非誨也。固不保其往耳。
朱子曰。誨之一字。恐未說到辭氣容色之間。亦未有不
保其往之意。恐不應於此遽及之也。當詳玩之○胡氏
曰。人之有生。同具此理。雖以氣稟物欲之累而趨於惡

然皆可反而之善。聖人仁天下之心。曷嘗不欲啓其爲善之塗哉。惟自暴自棄。在聖人亦無如之何。故有不往教之禮。執贄而來。禮雖至薄。意則可取。故未嘗不教之也。○慶源輔氏曰。聖人之教。雖不輕棄人。亦不苟授人。仁義並行而不相悖也。但聖人之心。其愛人也。終無窮已。而其責人也。終不至於太甚爾

○子曰。不憤不啓。不悱不發。舉一隅不以三隅反。則不復也。憤房粉反悱芳匪反復扶又反

憤者。心求通而未得之意。悱者。口欲言而未能之貌。慶源輔氏曰。心求通而未得通。則其意憤然而不能自已。憤有鬱懣之意。口欲言而未能言。則其貌悱然而不能自伸。悱者。屈抑之貌 啓謂開其意。發謂達其辭。雙峯饒氏曰。啓。如啓户扉開之也。發。如弩之張而爲之發其機 物之有四隅者。舉一可知其三。反者。還以相證之義。復。再告也。華陽范氏曰。憤則其慮也深。悱。則其進也勇。因而啓發之。則其人必

自得矣。孟子曰：君子之所以教者五，有如時雨之化者，顏子是也。有成德者，有達材者，有答問者。憤悱之類是也。有私淑艾者，舉一隅之類是也。○朱子曰：悱非全不曉也，曉得三五分，只是說不出。學者至憤悱時，其心已略略通曉，但心已喻而未甚信，口欲言而未能達，故聖人於此啓發之。舉一隅，其三隅須是學者自去理會。舉一隅而不能以三隅反，是不能自用力者，夫子所以不再舉也。○南軒張氏曰：此聖人教人之方也。學貴於思，思而後有得。憤悱者，思慮積久，鬱而未暢，誠意懇切，形於外也。憤則見於辭氣，悱則見於顏色，於是而啓其端，發其蔽，則庶幾其聽之專而感之之深也。然告之亦舉一隅耳，必待其以三隅反而後復之，此古之教者所以爲從容而使人繼其志之道也。若不以三隅反，則是未能因吾言而推類，苟遽以復之，則於彼亦無力矣。

上章已言聖人誨人不倦之意，因并去聲記此，欲學者勉於用力，以爲受教之地也。新安陳氏曰：聖人固不倦於教，亦不輕於教，學者無受教之地，教之必不入也。○程子曰：憤悱，誠意之見賢遍反於色辭者也。

顔色辭氣待其誠至而後告之既告之又必待其自得以三隅反乃復告爾朱子曰憤悱便是誠意到不憤悱便是誠不到又曰不待憤悱而發則知之不能堅固待其憤悱而後發則沛然矣問程子云待憤悱而後發則沛然矣如何有沛然底意思朱子曰此正所謂時雨之化譬如種植之物人力隨分已加但正當那時節欲發生未發生之際却欠了些子雨忽然得這些子雨來生意豈可禦也○慶源輔氏曰不待憤悱而發是強聒之耳必待憤悱而發則猶水之流壅遏於此有以決之則沛然而往莫能禦矣○新安陳氏曰不憤悱則不啓發不以三隅反則不復朱子作兩節對說程子只作一串說

○子食於有喪者之側未嘗飽也

臨喪哀不能甘也朱子曰未嘗飽有食不下咽之意○厚齋馮氏曰檀弓記此蓋古禮然也是書所記禮儀多合禮經當世不行而夫子舉行之故門人以爲記耳

子於是日哭則不歌

哭謂弔哭一日之內餘哀未忘自不能歌也朱子曰聖人不成哭了便驟去歌如四時也須漸漸過去聖人之心如春夏秋冬不遽寒燠故哭之日自是不能遽忘○子於是日哭則不歌不要把一箇誠字包却須要識得聖人自然重厚不輕浮底意思○南軒張氏曰臨喪則哀食何由飽哭者哀之至歌者樂之著一日之間二者不容相襲若此也學者法聖人而勉之亦足以養忠厚之心也

○謝氏曰學者於此二者可見聖人情性之正也能識聖人之情性然後可以學道慶源輔氏曰在聖人分上二者皆自然安行其情性之正莫非道也識之者可以學道○新安陳氏曰是日歌或遇當哭哀不能已也是日哭縱或遇歌樂可以已也

○子謂顏淵曰用之則行舍之則藏惟我與爾有是夫舍上

聲。夫音扶。

尹氏曰。用舍無與音預於己。朱子曰。用舍由在別人。不由得我。行藏安於所遇。新安陳氏曰。遇用我則安於行。遇舍我則安於藏。無固必也。命不足道也。朱子曰。命只是尹氏添此一腳。本文非有此意。顏子幾平聲於聖人。故亦能之。程子曰。孔子謂顏淵曰。用之則行。舍之則藏。惟我與爾有是夫。君子所性。雖大行不加焉。雖窮居不損焉。不爲堯存。不爲桀亡者也。用之則行。舍之則藏。皆不累於己爾。○朱子曰。用之則行。舍之則藏。此八字極要人玩味。若他人用之則無可行。舍之則無可藏。惟孔子與顏淵先有此事業在己分內。若用之則見成將出來行。舍之則藏了。他人豈有是哉。故下文云。惟我與爾有是夫。有是二字當如此看。用舍無預於己。行藏安於所遇。命不足道也。蓋只看義理如何。都不問那命了。雖使前面做得去。若義去不得也只不做。所謂殺一不辜。行一不義而得天下。有所不爲。若中人之情。則見前面做不得了。方休。方委之於命。若使前面做得。他定不肯已。所謂不得已而安之命者也。此固賢於世之貪冒無恥者。然實未能無求之之心也。聖人更不問命。只看義如何。貧富貴賤。惟義所在。謂安於所遇也。如顔子之安於陋巷。他那曾計較命如何○問用之則行。舍之則藏。切意漆雕曾閔亦能之。曰。舍之則藏易。用之則行難。若開用之未必能行也。聖人規模大。藏時不止藏他一身。煞藏了事。譬如大船有許多器具寶貝。撑去則許多物便都藏了。衆人便没許大力量。然聖人行藏自是脱然無所係累。救世之心雖切。然得做便做。做不得便休。他人使有此。若未用時則切切於求行。舍之則未必便藏。耿直之向有書云。三代禮樂制度盡在聖人。所以用之則有可行。某謂此固其可行之具。但本領更全在無所係累處。有許大本領則制度點化出來都成好物。故在聖人則爲事業。衆人没那本領。雖盡得他禮樂制度。亦只如小屋收藏器具。窒塞都滿。運轉都不得。○此章專在兩箇則字上。如可以仕則仕。可以止則止之類。孔顔於用舍行藏之間。如霽則行。潦則止。○常人用之則行。乃所願。舍之則藏。非所欲。舍之則藏。是自家命恁地。不得已。不柰何。聖人無不得已。不柰何底意。何消更言命。到得無可柰何處。始言命。聖人説命。只爲中人以下説。如道之將行將廢命也。此爲子服景伯說。得之不得曰有命。是爲彌子瑕說。下一等人不知有命。又一等人知有命猶自去計較。中人以上便安於命。到聖人便不消言命矣。○厚齋馮氏曰。道本期於用。非獨善其身而已也。然時不我用。則有退藏而已。用之而欲藏。不仁也。舍之而欲行。不知也。是時欲扶世立功名者。知行而不知藏。欲潔身遺世者。知藏而不知行。此夫子所以旁觀一世。惟子淵與己同也。說者乃謂淵不願仕。是以其迹。而不知其心也。爲邦之問槩可見矣○勉齋黃氏曰。用之舍之存乎人。則行則藏應乎己。則無意無我可見矣。用之行矣。至舍之則藏。舍之藏矣。至用之則行。則無必無固可見矣○雲峯胡氏曰。用行舍藏。玩集註及語録。一當就有字上看。常人未必有此也。二當就則字上看。用舍在人而聖人無所必也。三當合兩句互看。徇物者。忘義徇禄。用之雖行而舍之未必藏。絕物者。潔身亂倫。舍之雖藏。而用之未必行。

子路曰。子行三軍則誰與

萬二千五百人爲軍。大國三軍。子路見孔子獨美顏淵。

自負其勇。意夫子若行三軍。必與己同朱子曰。子路此問雖無私意。然猶有固必之心

子曰。暴虎馮河。死而無悔者。吾不與也。必也臨事而懼。好謀而成者也馮皮冰反好去聲

暴虎。徒搏。馮河。徒涉。新安陳氏曰。徒。徒手而無所持也懼。謂敬其事。成謂成其謀。言此皆以抑其勇上三句而教之下二句然行師之要。實不外此。子路蓋不知也問子行三軍則誰與。朱子曰。三軍要勇。行三軍者要謀。既好謀。然須要成事。蓋人固有好謀。而事不成者。却亦不濟事。又問謀在先。成在後。成非勇亦不能決。曰。然。○子行三軍則誰與。宜作相與之與。非許與之與。好謀而成。人固有好謀者。然疑貳不決。往往無成者多矣。孔子行三軍。其所與共事者。必臨事而懼。好謀而成者也。○好謀而成。既謀了。須是果決去做教成。若徒謀

而不成。何益於事。所謂作舍道旁。三年不成者也。臨事而懼。是臨那事時。又須審一審。蓋閑時已自思量都是了。都曉得了。到臨事時又更審一審。這懼字正如安而後能慮底慮字相似。此本爲行三軍而發。故就行師觀之。尤見精密。○南軒張氏曰。臨事而懼。戒懼於事始。則所以爲備者周矣。好謀者或失於寡斷。好謀而成。則思慮審。而其發也必中矣。敬戒周密如此。古之人所以能成天下之事而不失也。豈獨可行三軍而已哉。○勉齋黃氏曰。臨事而敬懼。則有持重謹畏之心。好謀而圖成。則有周悉萬全之計。敬其事則無忽心。無惰氣。臨事必能戒懼。非怯懦而恐懼也。成其謀則不妄動。不亟取。於事必有一定之謀。既成而不怨于素。自無僥倖速成之弊也。無非抑其血氣之勇。而教之以義理之勇焉。

○謝氏曰。聖人於行藏之間。無意無必。其行非貪位。其藏非獨善也。若有欲心。則不用而求行。舍之而不藏矣。雙峯饒氏曰。用之不行。是好遯底人。舍之不藏。是好進底人。自有兩樣。謝氏謂不用求行。舍之不藏。只說得一邊。是以惟顏子爲可以與音預於此。子路雖非有欲心者。然未能無固必也。至以行三軍爲問。則其論益卑矣。胡氏曰。子路勇不自遏。故有是問。乃不用而求行。舍之而不藏者。夫子之言。蓋因其失而救之。夫音扶不謀無成。不懼必敗。小事尚然。而況於行三軍乎

○子曰。富而可求也。雖執鞭之士。吾亦爲之。如不可求。從吾所好。好去聲

執鞭。賤者之事。新安倪氏曰。太史公云。假令晏子尚在。願爲之執鞭。其言本此設言富若可求。則雖身爲賤役以求之。亦所不辭。然有命焉。非求之可得也。則安於義理而已矣。何必徒取辱哉。陳氏曰。此章爲中人以下假設言之耳。命所以安中人。義所以責君子○蘇氏曰。聖人未嘗有

意於求富也。豈問其可不可哉。爲此語者。特以明其決不可求爾。楊氏曰。君子非惡去聲富貴而不求。以其在天無可求之道也。朱子曰。上句是假設之辭。下句方是正意。下句說從吾所好。便見上句執鞭之士非所好矣。更味而字雖字亦字。可見文勢重在下句也。須要子細看富而可求也一句。上面自是虛意。言而可求。便是富本不可求矣。此章最見得聖人言語渾成底氣象。須要識得。○南軒張氏曰。夫子謂富不可求者。正於義不可故耳。言使其於義而可。則雖執鞭之事亦有時而可爲矣。其如義不可求何。則姑從吾所好而已。吾所謂好者。義是也。然則所安以義。而命蓋有不言者矣。○慶源輔氏曰。蘇氏發得此章語脈分明。楊氏又說得聖賢所以不求富貴之理確實。二說相須。其義始備。

○子之所慎。齊戰疾。齊側皆反

齊之爲言齊如字下同也。將祭而齊其思慮之不齊者。以交

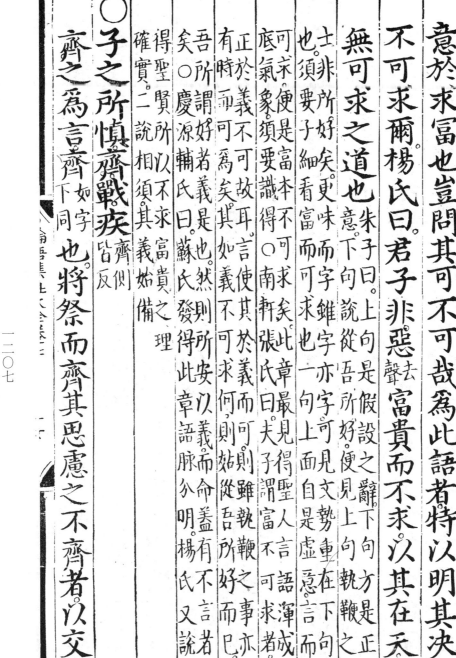

於神明也。禮祭統。及時將祭。君子乃齊。側皆反齊之爲言。齊如字下同也。齊不齊以致齊者也誠之至與不至。神之享與不享皆決於此戰。則衆之死生。國之存亡繫焉。疾又吾身之所以死生存亡者。皆不可以不謹也。楊氏曰。夫子齊必變食。行三軍必臨事而懼。康子饋藥。未達。不敢嘗。觀此。則其慎可見

○尹氏曰。夫子無所不謹。弟子記其大者耳。慶源輔氏曰。聖人之心不待操而常存。豈有不謹之時。不謹之事哉。特於此三者尤致謹。故弟子記以垂教

○子在齊聞韶。三月不知肉味。曰不圖爲樂之至於斯也。

史記。三月上有學之二字。新安陳氏曰。學之三月。學之久。因以忘味之久。否則三月字連下文。無意味矣。不知肉味。蓋心一於是而不及乎他也。曰不意舜之作樂至於如此之美。則有以極其情文之備。記曰。

知禮樂之情者能作。識禮樂之文者能述○慶源輔氏曰。文。聲音也。情。實也而不覺其歎息之深也。蓋非聖人不足以及此○范氏曰。韶盡美又盡善樂之無以加此也。故學之三月不知肉味而歎美之如此。誠之至感之深也朱子曰。子聞韶音。學之三月。不知肉味。學之一節不知如何。今正好看其忘肉味處。這裏便見得聖人之樂如是之美。聖人之心如是之誠。又曰。聖人聞韶須是去學。不解得只恁休了。學之亦須數月方熟。三月。大約只是言其久不是真箇足頭九十日。至九十一日便知肉味。想見韶樂之美是能感動人。是能使人視端而行直。某嘗謂今世人有目不見先王之禮。有耳不得聞先王之樂。此大不幸也○問孔子聞韶。學之三月不知肉味。聖人殆亦固滯不化。當食之時。又不免心不在焉之病。若何。曰。主一無適。是學者之功。聖人行事。不可以此求之也。更是舜之樂盡善盡美。而孔子聞之深有所契于心者。所謂得志行乎中國。若合符節。是以學之三月而不自知其忘味也○問心不在焉則食而不知其味。是心不得其正也。然夫子聞韶。三月何故不知肉味。曰也有時如此。所思之事大。而飲食不足以奪其心也。且如發憤忘食。吾嘗終日不食。皆非常事。以其所憤所思之大。自不能忘也。○問程子改三月爲音字。如何。曰彼以一日聞樂而三月忘味。聖人不當固滯如此。故爾然以史記考之。則習之三月而忘肉味也。旣有音字。又自有三月字。則非文之誤矣。蘇氏說亦得之。蘇氏曰。孔子之於樂。習其音。知其數。得其志。知其人。其於文王也。見其穆然而深思。見其高望而遠志。見其黯然而黑。頎然而長。其於舜也。可知。是以三月而不知肉味。○慶源輔氏曰。夫子之學韶樂。非但有以極其聲容節奏而已。併當與大舜無不幬載之德。當時雍熙平成之治。所謂盡善盡美之實而得之。不翅如身有其事。親歷其時也。則其誠意之深而見於嘆息者如此。誠非聖人不足以及是。固非常情之所能測也。○厚齋馮氏曰。舜之後封於陳。爲之後者得之。用先代之樂。自陳敬仲奔齊。而韶樂有傳。當是時。魯具四代之樂。然恐不無差舛。韶之來最遠。而獨得其傳於今。夫子故曰。韶盡美矣。又盡善也。殆謂是歟。季札在魯觀韶。雖極稱贊。未必如在齊之善。夫子是以學之而忘味之久。○新安陳氏曰。舜以上聖之德。當極治之時。

作爲韶樂。群聖之樂無以加於此者。故夫子聞其音而學之忘味。而深歎美如此。想如親見虞舜之聖身在雍熙之時。契之以心。而非徒聞之以耳也。又按論語於韶凡三言之意者聞韶而學之最先謂盡美盡善次之告顏子以韶舞其最後歟

○冉有曰。夫子爲衛君乎。子貢曰。諾。吾將問之。爲去聲

爲猶助也。衛君出公輒也。靈公逐其世子蒯聵苦怪反聵五怪反公薨而國人立蒯聵之子輒。於是晉納蒯聵而輒拒之時。孔子居衛。衛人以蒯聵得罪於父。而輒嫡孫當立。故冉有疑而問之。諾應辭也。朱子曰子以兵拒父是多少不順自不須疑而問冉有疑夫子爲衛君者以嫡孫承重之常法言之則輒於義或當立也故疑夫子助之

入。曰。伯夷叔齊何人也。曰。古之賢人也。曰。怨乎。曰。求仁而

得仁又何怨出曰夫子不爲也
伯夷叔齊孤竹君之二子其父將死遺命立叔齊父卒
叔齊遜伯夷伯夷曰父命也遂逃去叔齊亦不立而逃
之國人立其中子其後武王伐紂夷齊扣馬而諫武王
滅商夷齊恥食周粟去隱于首陽山遂餓而死史記武王載木
主號爲文王東伐紂伯夷叔齊叩馬而諫曰父死不葬爰及干戈可謂孝乎以臣弑君可謂仁乎左右欲兵之
太公曰此義人也扶而去之武王已平殷亂天下宗周而伯夷叔齊恥之義不食周粟隱於首陽山即雷首山
之陽在河中府河東縣采薇而食之遂餓而死怨猶悔也君子居是邦不非其
大夫況其君乎荀子子道篇子路問曰魯大夫練而牀禮耶練小祥也孔子曰吾不知也子路
出謂子貢曰吾以夫子爲無所不知夫子徒有所不知由問魯大夫練而牀禮耶夫子曰吾不知也子貢曰吾

將爲汝問之。問曰。練而牀。禮耶。孔子曰。非禮也。子貢出謂子路曰。夫子無所不知。汝問。非也。禮。居是邑。不非其大夫。故子貢不斥衛君而以夷齊爲問。夫子告之如此。則其不爲衛君可知矣。南軒張氏曰。子貢。微其辭以測聖人之旨。可謂善爲辭矣。蓋伯夷以父命爲尊。叔齊以天倫爲重。其遜國也。皆求所以合乎天理之正。而即乎人心之安。雙峯饒氏曰。兼此兩句方說得仁字盡既而各得其志焉。則視棄其國猶敝蹝。所爾反爾何怨之有。若衛輒之據國拒父。而唯恐失之。其不可同年而語明矣。問二子之遜。使無中子。二子不成委先君之國而棄之。必有當立者。朱子曰。伊川說叔齊當立。看來叔齊雖以父命。終非正理。恐只當立伯夷。曰。伯夷終不肯立。柰何。曰。國有賢大臣。必請於天子而立之。不問其情願。矣。看來二子立得都不安。以正理論之。伯夷稍優○以天下之公義裁之。則天倫重而父命輕。以人子之分言之。則又不可分輕重。但各認取自家不利便處退一步便是夷齊得之矣。○蒯聵與輒若有一人識道理。各相避就去了。今蒯聵欲入。子以兵拒父。是多少不順。議者以爲當立公子郢。不知郢不肯做。蓋知其必有紛争也。使夫子爲政。必上告天王。下告方伯。拔郢立之。斯爲得正。輒之逃。當在靈公薨而夫人欲立之之時。○求仁得仁。只是不傷其本心而已。二子不交讓。則心不安。心本仁。纔傷著本心則不仁矣。○雙峯饒氏曰。仁者。天地生物之心。人得之而爲不忍之心。若伯夷以父命爲尊。是不忍違其父。叔齊以天倫爲重。是不忍先其兄。若輒之拒蒯聵。則是忍於抗其父矣。是可忍也。孰不可忍也。如何安得。○雲峯胡氏曰。人心誰無天理。能合乎天理之正。方可即乎人心之安。乃謂之仁。伯夷以父命爲重。是伯夷之心合乎天理而後伯夷之心方安。叔齊以天倫爲重。是叔齊之心合乎天理而後叔齊之心方安。集註下一安字。便見夷齊不怨。若怨則不安矣。輒之拒父。全無人心天理。於心安乎

○程子曰。伯夷叔齊遜國而逃。諫伐而餓。終無怨悔。新安陳氏曰。兼諫伐言。所以廣其不悔之實夫子以爲賢。故知

其不與輒也問子貢問衛君事。朱子曰。若使子貢當時徑問輒事。不唯夫子或不答。便做答時。亦不能如此詳盡。若只問伯夷叔齊何人也。曰。古之賢人也。亦未見分曉。所謂賢人。如君子而不仁者有矣。亦如何便見得出處一時皆當。豈無怨悔處。只再問怨乎。便見得子貢善問。纔說道求仁而得仁。又何怨。便見得夷齊兄弟所處無非天理。蒯輒父子所向無非人欲。二者相去。奚啻珷玞美玉。直截天淵矣。○問子貢欲知爲衛君。何故問夷齊。曰。一箇是父子爭國。一箇是兄弟讓國。此是則彼非可知。問何故又問怨乎。曰。此又審一審。所以夫子言求仁得仁。是就身上本原處說。凡讓出於不得已。便有怨。夷齊之讓是合當恁地。乃天理之當然。又何怨。大綱衛君底固爲不是。到此越見得衛君沒道理。又問子欲正名。是公子郢否。曰。此又是第二節事。第一節須先正輒父子之名。問輒尚在則如何正。曰。上有天子。下有方伯。他不當立。如何不正。○問子貢有怨乎之問何也。曰。夫子謂夷齊是賢人。恐賢者亦有過之者。於是問以決之。看這事是義理合如此否。如其不必讓而讓之。則未必無怨悔之心矣。夫子告以求仁而得仁者謂是合恁地。若不恁地。是去仁而失仁矣。若衛君事則大不然矣。子貢所以知其必不爲也。○問：伯夷不敢安嫡長之分，以違君父之命；叔齊不敢從父兄之命，以亂嫡庶之義，這便是求仁。伯夷安於逃，叔齊安於讓，而其心舉無陧杌之慮，這便是得仁否？曰：然。衛君便是不能求仁耳。○問：夫子以夷齊爲賢，則其不爲衛君之意明矣，而子貢復有怨乎之問，至聞得仁之語，然後知夫子之不爲，何耶？曰：夷齊之賢，天下孰不知之？子貢蓋不待夫子之言而知之矣。然意二子雖賢，而其所爲或出於激發過中之行，而不能無感慨不平之心，則衛君之爭猶未爲甚得罪於天理也。故問怨乎，以審其趣，而夫子告之如此，則子貢之心曉然知夫二子之爲是，非其激發之私，而無纖芥之憾矣。持是心以燭乎衛君父子之間，其得罪於天理，而見絶於聖人，尚何疑哉？故其所以必再問而後知所決也。○慶源輔氏曰：世俗知其一，不知其二，見其一節之或得，而於其大義之乖則不知察也。蒯聵固得罪於父矣，而以輒言之，則子獨可以拒父乎？輒嫡孫，固在所當立矣。然上不禀命於天王，下不受命於君父，又其可以擅有其國乎？是故爲國家者，不可無君子之倫，而世俗之説，未可遽以爲信也。○齊氏曰：父子也，兄弟也，君臣也，人之倫也，三才之所以立也。二子之交讓也所失者國而所得者父子兄弟之紀其非武王而餓以死也所舍者生而所取者君臣之義是皆脫然有見於富貴貧賤死生之外而一毫私己不與焉謂非仁乎冉求有見於夷齊之仁必有見夫輒之不仁知夷齊於人紀爲有功必知輒爲名教之所不容

○子曰飯疏食飲水曲肱而枕之樂亦在其中矣不義而富且貴於我如浮雲飯扶晚反食音嗣枕去聲樂音洛

飯食之也疏食麤飯也聖人之心渾上聲然天理雖處困極而樂亦無不在焉○新安陳氏曰他人視爲困極聖人樂無不在自不知其困極其視不義之富貴如浮雲之無有漠然無所動於其中也

朱子曰聖人表裏精粗無不昭徹其形骸雖是人其實只是一團天理所謂從心所欲不踰矩左來右去盡是天理如何不快活○樂亦在其中此樂與貧富自不相干是別自有樂處如氣壯底人遇熱亦不怕遇寒亦不

怕。氣虛。則爲所動矣○樂字在先。理會得樂後方見不義而富貴於我如浮雲○程子曰。非樂蔬食飲水也。雖蔬食飲水。不能改其樂也。不義之富貴視之輕如浮雲然。又曰。須知所樂者何事朱子曰。聖人之心無時不樂。如元氣流行天地之間。無一處之不到。無一時之或息也。豈以貧富貴賤之異而有所輕重於其間哉。夫子言此。蓋即當時所處以明其樂之未嘗不在乎此。而無所慕於彼耳。記此者。列此以繼衛君之事。其亦不無意乎○富貴非指天位天職而言。但言勢位奉養之盛耳。此等物若以義而得。則聖人隨其所遇。若固有之。無鄙厭之心焉。但以不義而得。則不易吾飯蔬飲水之樂耳○如浮雲只說不義之富貴。視之如浮雲。不以彼之輕易吾之重。若義而得富貴。便是當得。如何掉脫得。如舜禹有天下固說道不與。亦只恁地安處之。又如所以長守貴也。所以長守富也。義當得之。亦自當恁地保守。堯命舜云。天之曆數在爾躬。允執其中。四海困窮。天祿永終。豈是不要保守○孔顏之樂不必分。不改。是從這頭說入來。在其中。是從那頭說出來○南軒張氏曰。崇高莫大乎富貴。富貴本非可以浮雲視也。惟其非義則浮雲耳。○陳氏曰。欲知樂之實味。須到萬理明徹。私欲淨盡後。胸中灑然無纖毫窒礙。而無入不自得處。庶幾有以得之矣。又曰。樂在其中與不改其樂誠有閒。但程子於此却用不改字。主意全別。其添一能字。而又繫於蔬食飲水之下者。是雖蔬食飲水。亦不能改。聖人之樂。便見本然渾然之樂元不曾動。比之顏子不改。繫之回也之下。是回不爲簞瓢陋巷所改。語意輕重自不同矣。○雙峯饒氏曰。樂是聖人之所固有。富貴貧賤是時之適然。人不處富貴則處貧賤。聖人之樂。處富貴則在富貴中。處貧賤則在貧賤中。然樂在富貴中見得不分曉。在貧賤中方別出。故多於貧賤處說。○新安陳氏曰。孔顏所樂何事。及自有其樂。程子之引而不發者也。從事於博文約禮。庶得其所以樂。朱子發程子之未發者也。必於顏子樂處言。而不於孔子樂處言之者。知顏子之樂。而後可知孔子之樂。故以孔子所以誘顏。顏所以學孔之樂工夫。於顏樂處言之也。在中之云。不求樂而樂在其中。見其樂之安焉。不以貧窶累其心而改其所樂。微見其樂之勉焉。

○子曰。加我數年。五十以學易。可以無大過矣

劉聘君見元城劉忠定公。名安世。字器之。大名府元城人。自言嘗讀他論。加作假。五十作卒。蓋加假聲相近而誤讀。卒與五十字相似而誤分也。愚按此章之言。史記作假我數年。若是我於易則彬彬矣。加正作假。而無五十字。蓋是時孔子年已幾平聲七十矣。五十字誤無疑也。孔子世家。孔子晚而喜易。序彖。繫象。說卦。文言。讀易韋編三絶。曰。假我數年。若是我於易則彬彬矣。學易則明乎吉凶消長上聲之理。進退存亡之道。胡氏曰。吉凶消長。以卦體言。進退存亡。以人事言。故可以無大過。蓋聖人深見易道之無窮。而言此以教人。使知其不可不學。而又不可以易去聲而學也。朱子曰。聖人一生學

問未嘗自說無過。至此境界方言無。大過。猶似有小過在。雖是謙辭。然道理眞實無窮盡期。說者當看此等爲聖人氣象。○所謂大過。如當潛不潛。當見不見。當飛不飛。皆是過。乾卦純陽固好。大亨之中須利於貞正。非正則過矣。又如坤六二。須知履霜有堅冰之漸。要人恐懼脩省。不知恐懼脩省。則過矣。無大過者爲此自謙之辭以教學者深以見易道之無窮。又曰。無大過。是聖人不自足之意。○聖人學易於天地萬物之理。吉凶悔吝進退存亡。皆見得盡。自然無差失。聖人說此數句。非是謾然且恁地說。聖人必是見得是如此。方如此說。○覺軒蔡氏曰。進退存亡之正。易之道也。知進退存亡不失其正。學易之道也。聖人雖曰生知。亦必有驗乎易。蓋聖人之道。卽易之道也。聖人進退存亡不失其正。所謂先天而天弗違。後天而奉天時者也。豈有過差乎。夫子謂加我數年則於學易。也不敢易謂可以無大過。則合於易也無甚差。皆不敢當之謙辭也。謂無甚差。則爲無差矣。○聖人學易。明乎天理之吉凶消長。所以進退存亡而不失其正。而人與天合矣。尚何過之可言。要之聖人所以謙辭者。非是自以爲聖而有意於謙。蓋亦眞見易道之無窮。而有俛焉孶孶之意。又因以敎人。使人知易道之不可以不學而又不可以易學○慶源輔氏曰易道無窮皆自然而然非年高德卲心與理協默識神會未易學也人之處世履于憂患之塗又不可以不學易故抑揚其辭以垂教如此學者察乎二者之間則知易固不可不學且以夫子之德與年而尚欲假之以數年則又見其不可以輕易而學耳○西山眞氏曰聖人作易不過推明陰陽消長之理而已陽長則陰消陰長則陽消一消一長天之理也人而學易則知吉凶消長之理以陰陽對言則陽爲善爲吉陰爲惡爲凶獨言陽則陽自有吉有凶蓋陽得中則吉不中則凶陰亦然以天理言則爲消息盈虛以人事言則爲存亡進退蓋消則虛長則盈如日中則昃月盈則虧暑極則寒寒極則暑此天道所不能已也人能體此則當進而進當退而退當存而存當亡而亡如此則人道得而與天合矣故孔子可以進則進可以退則退可以久則久可以速則速用之則行舍之則藏此孔子之身全體皆易也○雲峯胡氏曰朱子謂夫子言此以教人使人知夫子老且學易所謂無大過者易占辭於吉凶悔吝之外屢以無咎言之大要只欲人無過故曰無咎者善補過也悔則過能改而至於吉吝則過不改而至於凶使人人皆知學易

則皆可以無大過。此夫子教人之深意也。○新安陳氏曰。加我數年。味我之一辭。則所謂無大過者。夫子自謂之辭耳。

○子所雅言。詩書執禮。皆雅言也。

雅。常也。執。守也。詩以理情性。新安陳氏曰。治之使情性得其正書以道政事。述帝王之政事禮以謹節文。皆切於日用之實。故常言之。禮獨言執者。以人所執守而言。非徒誦說而已也。朱子曰。詩書尚是口說得底。惟禮要當執守。執禮亦是當時自有此名。○雙峯饒氏曰。禮有五禮。夫子所常言者。只是言人日用所常執守之禮。不可闕者爾。若宗廟。郊社。朝覲。會同。非常所用者。則講之有時。亦不常及之也。○雲峯胡氏曰。誦說。屬知。執守。屬行○程子曰。孔子雅素之言。止於如此。若性與天道。則有不可得而聞者。要在默而識之也。識音式。謂不言而自得之。謝氏曰。此因學易之語而類記之。朱子曰。古之儒者。只是習詩書禮樂。言執禮。則樂在其中。如易則掌於太卜。春秋掌於史官。學者兼通之。不是正業。只這詩書大而天道之精微。細而人事之曲折。無不在其中。禮則節文度數。聖人教人。亦只是許多事。○慶源輔氏曰。詩所以吟詠情性。故誦之者可以理情性。理。猶治也。書所以紀載政事。故誦之者可以道政事。道。猶述也。禮所以著天理之節文。故執之者可以謹節文。謹。謂毫釐有所必計也。情性在內者。政事在外者。政事節文雖在外。而又有廣狹之殊。然皆切於日用之實。故夫子常言之。又曰。詩書雖假誦讀。然後能知其義而達諸用。禮則全在人執守而行之。故禮獨言執也。然詩書雖始假於誦讀。然後亦必須見於所行。禮固在於執守而行之。然始亦不可不講讀之也。○厚齋馮氏曰。易道精微。春秋紀變。樂在有司。非所常言也。詩可以興觀羣怨以事君父。書乃齊家治國平天下之常道。禮又朝夕所從事者。皆切於日用常行之實。故常言之。○勿軒熊氏曰。詩即樂也。孔子言興於詩。立於禮。成於樂。語伯魚學詩學禮。可見平日常言不過如此。前章學易。則其晚年

也

○葉公問孔子於子路子路不對葉舒涉反

葉公楚葉縣尹沈諸梁字子高僭稱公也新安陳氏曰楚子僭王其臣皆僭葉公不知孔子必有非所問而問者故子路不對抑亦以聖人之德實有未易去聲名言者與音余○新安陳氏曰一則葉公不足以知聖人一則子路自難以言語形容聖人

子曰女奚不曰其爲人也發憤忘食樂以忘憂不知老之將至云爾

未得則發憤而忘食已得則樂之而忘憂以是二者俛焉日有孳孳音兹而不知年數之不足但自言其好去聲學

之篤爾。禮表記。小雅曰。高山仰止。景行行止。子曰。詩之好仁如此。鄉道而行。中道而廢。忘身之老也。不知年數之不足也。俛焉日有孳孳。斃而後已。○朱子曰。聖人未必有未得之事。且如此說。若聖人有這般事。他便發憤做將去○忘食忘憂是逐事上說。一憤一樂循環代至。非謂終身只此一憤一樂也。逐事上說。故可遂言不知老之將至。而爲聖人之謙辭。若作終身說。則憤短樂長。不可并連下句。而亦不見聖人自貶之意矣然深味之。則見其全體至極。純亦不已之妙。有非聖人不能及者。蓋凡夫子之自言類如此。學者宜致思焉。朱子曰。發憤忘食。樂以忘憂。不知老之將至云爾。泛說若是謙辭。然聖人之爲人。自有不可及處。直要做到底。不做箇半間不界底人。非是有所因。真箇或有所感。發憤而至於忘食。所樂之至而忘憂。蓋有不知其然而不自知其老之將至也。又如好古敏以求之。自是謙詞。學不厭教不倦。亦是謙詞。當時如公西華子貢乃能窺測聖人不可及處。蓋聖人處己之謙若平易。而其所以不可及者亦在其中矣○發憤忘食是發憤便能忘食。樂以忘憂是樂便能忘憂更無些小係累無所不用其極但見義理之無窮不知身世之可憂歲月之有變也衆人縱如何發憤也有些無緊要心在雖如何樂終有些係累乎其中不怨天不尤人樂天安土安於所遇無一毫之私意聖人便是天聖人有此理天亦有此理故其妙處獨與之契合○聖人直是脫灑私欲自惹不著這兩句雖無甚利害細看來見得聖人超出乎萬物之表○南軒張氏曰子路以葉公不知聖人且欲擬其形容而未知所對也夫子之意則以爲即其近者告之斯可矣夫子所言發憤忘食樂以忘憂不知老之將至者亦好學之至者也然則聖人之所以異於人者果獨在於好學耶蓋生知而好學則是其所以爲生知者固亦莫揜矣謂聖人所以異於人者在於好學亦豈不可乎○雙峯饒氏曰憤與樂相反聖人發憤便至忘食樂便至忘憂是兩邊各造其極如寒到寒之極暑到暑之極故曰全體至極兩者循環不已所以不知老之將至此是聖人之心純乎天理別無他嗜好所以自然學之不厭故曰純亦不已全體說憤樂至極說忘食忘憂純亦不已說不知老之將至

○子曰我非生而知之者好古敏以求之者也好去聲

生而知之者氣質清明義理昭著不待學而知也敏速也謂汲汲也○尹氏曰孔子以生知之聖每云好學者非惟勉人也蓋生而可知者義理爾若夫扶音禮樂名物古今事變亦必待學而後有以驗其實也朱子曰聖人此等語皆是移向下以教人亦是聖人看得地步闊自視猶有未滿足處所以其言如此非全無事實而但為設辭也○好古敏以求之聖人是生知而學者然其所謂學豈若常人之學也聞一知十不足以盡之○聖人於義理合下便恁地固天縱之將聖又多能也敏求則多能之事耳其義理完具禮樂等事便不學也自有一副當但力可及故亦學之○聖人雖是生知然也事事理會過無一之不講這道理不是只就一件事上理會見得便了學時要無所不學理會時却是逐件上理會去○南軒張氏曰門人見夫子之聖謂生而知之不可跂及也故夫

子以是告之。使果能好古敏以求之。則是聖人亦豈不可希。玩味辭氣。其循循然善誘。可謂至矣。○勉齋黄氏曰。聖人雖生知義理。然其爲道廣大無窮。故未嘗有自足之心。亦必博學審問。參之古人。不能自已。此其所以爲聖人也。○慶源輔氏曰。孔子以生知之聖。每云好學者。諸家多以爲勉人之辭。故尹氏辨之。以爲生而可知者。自然昭著之義理耳。若夫禮樂名物。古今事變。亦必待學而後有以驗其實也。又曰。好古敏求。非生知者不能。既知其義理。則自然敏於學以驗其實也。故生而知之者。義理也。好古敏求者。事實也。理與事一貫。知與行相資。○雙峯饒氏曰。生知。是合下知得此理。好古敏求。是又於事物上參究此理。○勿軒熊氏曰。信而好古。好古敏以求之。信字敏字當玩。

○子不語怪力亂神。

怪異勇力悖(音佩)亂之事。非理之正。固聖人所不語。鬼神造化之迹。(雙峯饒氏曰。造化之迹。指其屈伸往來之可見者言也。天地造化之妙。不可得而見。所可

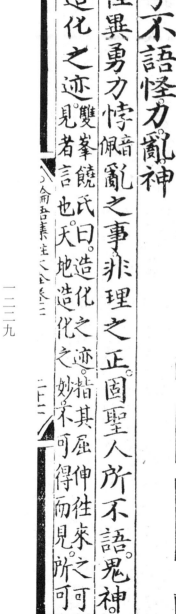

見者。其屈伸往來之迹耳雖非不正。然非窮理之至。有未易去聲明者。故亦不輕以語喑御人也新安陳氏曰。神與怪不同。故以怪力亂總言。表神而出之○謝氏曰。聖人語常而不語怪。語德而不語力。語治去聲而不語亂。語人而不語神。或問。夫子於春秋紀災異。戰伐簒亂。於易禮論鬼神。今曰不語何也。朱子曰。聖人平日常言蓋不及是。其不得已而及之。則於三者必有訓戒焉。於神則論其理以曉當世之惑。非若世人之徒語而反以惑人也。然其及之亦鮮矣○問子不語怪。力。亂。神。集注言鬼神之理難明易惑。而實不外人事。鬼神之理在人事中。如何見得。曰。鬼神只是二氣之屈伸往來。就人事中言之。如福善禍淫。便可以見鬼神道理。論語中聖人不曾說此。問如動靜語默亦是此理否。曰。固是。聖人全不曾說這話與人。這處無形無影。亦自難說。所謂敬鬼神而遠之。只恁地說。○南軒張氏曰。聖人一語一默之間。莫不有教存焉。語怪則亂常。語力則妨德。語亂則損志。語神則惑聽。故聖人之言未常及此。然就是四者之中。鬼神之情狀。聖人亦豈不言之乎。特明其理。使人求之於心而已。若其事未常言之也。○慶源輔氏曰。異。非常也。勇力。非德也。悖亂。非治也。三者皆非正理。而聖人之心。廣大光明。隱惡揚善。自然不語及此。至於鬼神雖非不正。然乃造化之迹。二氣之良能。其理幽深。非格物致知者而驟以語之。則反滋其惑。故亦不輕以語人。然能知所以爲人。則知所以爲鬼神矣。○齊氏曰。索隱行怪。吾弗爲之。故不語怪。好勇過我。無所取裁。故不語力。身爲不善。君子不入。故不語亂。務民之義。敬而遠之。故不語神。○問孔子所不語而春秋所紀。皆悖亂非常之事。陳氏曰。春秋。經世之大法。所以懼亂臣賊子。當以實書。論語講學之格言。所以正天典民彝。故所不語

○子曰。三人行。必有我師焉。擇其善者而從之。其不善者而改之

三人同行。其一我也。彼二人者。一善一惡。則我從其善而改其惡焉。是二人者。皆我師也。朱子曰。人若以自脩爲心。則舉天下萬物

亦有感乎前者。無不足以發吾義理之正。善者固可師。見不善者便恐懼脩省。亦吾師也。○雙峯饒氏曰。此姑以一善一惡對言。以見善惡皆吾師。或兩人皆善則皆當從。兩人皆惡則皆當改。便是與一人行。亦有我師。此則言外之意。南軒張氏云。一人之身。有善有不善。亦莫非吾師也 ○尹氏曰。見賢思齊。見不賢而內自省。則善惡皆我之師。進善其有窮乎 汪氏炎昶曰。尹氏以見賢思齊章合此章說。蓋取思齊自省可足此章之義也。善固當從。然不思與之齊。未必能從。不善固當改。然不內自省。則己有不善未必能改

○子曰。天生德於予。桓魋其如予何 魋徒雷反

桓魋。宋司馬向魋也。向式亮反 出於桓公。故又稱桓氏。魋欲害孔子。孔子言天既賦我以如是之德。則桓魋其柰我何。言必不能違天害己 程子曰。天生德於予。此聖人極斷制以理。○問聖人見其事勢

不可害已。還以理度其不可邪。朱子曰。若以勢論則害聖人甚易。唯聖人自知其理有終不能害者。○史記。孔子適宋。與弟子習禮大樹之下。魋伐其樹。孔子去之。弟子曰。可以速矣。子曰。天生德於予。桓魋其如予何。遂之鄭。疑遭伐樹遂微服去之。弟子欲其速行。而以此語之也。聖人雖知其不能害已。然避患未嘗不深。避患雖深而處之未嘗不閒暇。所謂並行而不悖也。○問桓魋其如予何。此便是聖人樂天知命處。見定志確。斷然以理自信。絕無疑忌顧慮之意。曰。是聖人自處之驗已然而知其決不能害已也。又問聖人既知天生德於我。決無可害之理矣。而避患又必周詳謹密者何耶。曰。患之當避。自是理合如此。衆人亦然。不必聖人爲然也。○吳氏曰。夫子平日未嘗以聖自居。及遭匡人桓魋之難。則曰天生德於予。文不在茲乎。辭氣毅然。無復退託推讓之意。蓋至是亦不能揜其聖矣。一以德言。一以道言。有此德則能任此道。其實一而已矣。○其如命何。聽命於天也。其如予何。則天命在已。而已與天爲一矣。故其論公伯寮也。猶以發興不可知之辭。道之若匡人桓魋。則爲斷斷然自信之說

○子曰二三子以我爲隱乎吾無隱乎爾吾無行而不與二三子者是丘也

諸弟子以夫子之道高深不可幾聲平及故疑其有隱而不知聖人作止語默無非教也故夫子以此言曉之與猶示也朱子曰要緊只在吾無行不與二三子處須子細認聖人無不與二三子處在那裏凡日用飲食間皆要認得○所謂吾無隱乎爾者居鄉黨便恂恂在宗廟便便便與上大夫言便誾誾與下大夫言便侃侃自有許多實事○新安陳氏曰作止語默四字所包甚闊作與語之爲教人易知之止與默之亦爲教所當知也○程子曰聖人之道猶天然門弟子親炙而冀及之然後知其高且遠也使誠以爲不可及則趨向之心不幾於怠乎故聖人之教常俯而就之如此非獨使資質

庸下者勉思企及。而才氣高邁者亦不敢躐易去聲而進也。問伊川言聖人教人常俯就若是。掠下一著教人。是聖人有隱乎爾。何也。朱子曰。道有大小精粗。大者精者固道也。小者粗者亦道也。觀中庸言大哉聖人之道。洋洋乎發育萬物峻極于天。此言道之大處。優優大哉。禮儀三百。威儀三千。是言道之小處。聖人教人。就其小者近者教人。便是俯就。然所謂大者精者亦只在此。初無二致。要在學者下學上達。自見得耳。在我則初無所隱也。○慶源輔氏曰。庸下者失之不及。易以懈怠而止。高邁者失之過。易以陵躐而進。懈怠者病在若其難。陵躐者病在忽其易。今夫子自以爲無隱。且曰無行而不與二三子。則庸下者不至病其難而發勉思企及之志。高邁者不敢忽其易而致謹重密察之功。在我者一施之在彼者各以其資之高下而有益焉。是即聖道如天垂象昭然。而有目者莫不見之驗也。豈終於高遠而不可冀及邪。呂氏曰。聖人體道無隱。與天象昭然。莫非至教。常以示人。而人自不察。延平李氏曰。孔子之示人。其道昭然。常存乎動靜俛仰視聽顰笑謦斂之間而未嘗隱也彼見之者自有淺深○朱子曰夫子嘗言中人以下不可以語上也而言性與天道則不可得而聞想是不曾得聞者疑其有隱而不知夫子之坐作語默無不是這箇道理風霆流形庶物露生無非教也聖人雖教人洒掃應對這道理也在裏面○范陽張氏曰天何言哉四時行焉百物生焉使天徒頽然在上何足以爲天惟其不言而四時行百物生故凡春生夏長根荄枝葉一皆天理之所寓孔子於日用間視聽言動出入起居無非道之所在羣弟子由而不知習而不察所以疑聖人爲隱故夫子指之曰吾無行而不與二三子者是丘也觀是丘之一言則一知夫子平日機用盡於此而決之當時羣弟子自夫子一指之後皆知用意以觀聖人故鄉黨所載上而朝廷下而衣服飲食莫不屢書特書者正謂此爾○新安陳氏曰體道與鬼神體物而不可遺之體同道無形體可見聖人一身渾然此道動静語默之間無非此道之所呈露無形體之道於聖人身上形見出來是所謂與道爲體而無所隱於人也○汪氏曰鄉黨一篇是門人有得於此言故記得詳密如此

○子以四教。文。行。忠。信。行去聲

程子曰。教人以學文脩行而存忠信也。忠信。本也。朱子曰。教不以文無由入。說與事理便是文。詩書六藝皆文也。如講說如何是孝弟。只是文。行所謂孝弟方是行。又恐行之未誠實。故又教以忠信。到得爲忠爲信時。全在學者自去做。方是實事。○此是表裏互說。教人之道。自外約入向裏去。故先文。後行。而忠信者。又立行之方也。○文行。忠信。如說事親是如此。事兄是如此。雖是行之事。也只是說話在。須是自家體此而行之。方是行。蘊之於心無一毫不實處。方是忠信。可傳者只是這文。若行忠信乃是在人自用力始得。雖然。若不理會得這箇道理。不知是行箇甚麽。忠信是箇甚麽。所以文爲先。又曰。其初須是講學。講學既明。而後脩於行。所行雖善。然更須反之於心。無一毫不實處。乃是忠信。○問子以四教。何以有四者之序。曰。文便是窮理。豈可不見之於行。然既行矣。又恐行之有未誠實。故又教之以忠信也。所以伊川言以忠信爲本。蓋非忠信。則所行不誠。故耳。因問行有餘力。則以學文。何也。曰。彼將教子弟而使之知大槩也。

此則教學者深切用工也。問然則彼正合小學之事歟。曰然。文行忠信是從外做向內。則以學文是從內做向外。聖人言此類者多。要人逐處自識得。○西山真氏曰。行有餘力則以學文。是以力行為先。子以四教文行忠信。文者講學之事。主乎知。忠信者脩身之事。主乎行。此又以知為先。此二章實相表裏。互當合而觀之。大抵致知力行二者不可闕一。既知其理。不可不行其事。既行其事。不可不知其理。二者並進。則為學之功至矣。○雙峯饒氏曰。聖人施教之序。且先使學者讀書講明義理。故先之以文。既曉得義理。然後可以使之脩行。故次之以行。行是外面行底。外面能行。然後方可責其裏面誠。若外面顯顯處尚未能行。況裏面隱微之地乎。故忠信是結合處。中庸先說知仁勇而後終之誠。亦是此意。○陳氏曰。學文所以窮理。脩行所以體是理於身。存忠信所以萃是理於心。○勿軒熊氏曰。忠是實心。就已上看。信是實理。就事物上看。○雲峯胡氏曰。教以學文脩行。知行當俱盡也。教以存忠信。表裏當俱實也。○新安陳氏曰。學文者。致知之事。脩行者。力行之事。存忠信。所以誠實於力行。而忠其體。信其用也。所以謂之四教

○子曰聖人吾不得而見之矣得見君子者斯可矣

聖人神明不測之號君子才德出衆之名朱子曰有德而有才方見於用如有德而無才則不能爲用亦何足爲君子

子曰善人吾不得而見之矣得見有恒者斯可矣恒胡登反

子曰字疑衍文恒常久之意張子曰有恒者不二其心

善人者志於仁而無惡朱子曰善人是資質好底人自然無惡有恒只是把捉得定又未到善人自然好處在然善人有恒皆未知學問者也○問善人是資質大故粹美其心常在於善道所以自不至於有惡有常者則是箇確實底人否曰是有常底也不到事事做得是只是有志於爲善而不肯爲惡耳善人則從來恁地好事事依本分但人多等級善人雖是資質好雖是無惡然不踐迹亦不入於室緣不甚曉得道理不可以道聖人只是恁地便住了○此但爲思其上者而不可得故思其次之意○雙峯饒氏曰聖人

是天生底。君子是學而成底。善人是氣質好底。有恒是有常守底。次乎聖人者爲君子。次乎善人者爲有恒

亡而爲有。虛而爲盈。約而爲泰。難乎有恒矣亡讀爲無

三者皆虛夸之事。凡若此者。必不能守其常也問亡而爲有。朱子曰。正謂此皆虛夸之事。不可以久。是以不能常。非謂此便是無常也。○以亡爲有。以虛爲盈。以約爲泰。則不能常。謂如我窮約。却欲作富底舉止。縱然時暫做得。將來無時又做不得。如此。便是無常。亡對有而言。是全無。虛是有。但少。約是就用度上說

○張敬夫曰。聖人君子以學言。善人有恒者以質言。新安陳氏曰。以學言者兼乎質。以質言者。則未學者也愚謂有恒者之與聖人。高下固懸絕矣。然未有不自有恒而能至於聖者也。故章末申言有恒之義。其示人入德之門。可謂深切而著明矣朱子曰。聖人也只是這箇道理。但是他理會得爛熟後。似較聖樣。其實只是這

道理。君子是事事做得去。所謂君子不器。善人則又不及君子。只是知得有善有惡。肯爲善而不肯爲惡耳。有常者又不及善人。只是較依本分○問此章。曰。吳氏曾氏說亦得之。吳氏曰。君子蓋有賢德而又有作用者。特不及聖人爾。若善人則粗能嗣守成緒。不至於爲惡而已。非若君子之能有爲也。曾氏曰。當夫子時。聖人固不可得而見。豈無君子善人有恒者乎。而夫子云然者。蓋其人少而罕見之也。又其見則又恍而進之曰。君子哉若人。凡此類。當得意而忘言。善人。明乎善者也。有恒雖未明乎善。亦必有一節終身不易者。若本無一長而爲有之狀。未能充實而爲盈之狀。貧約而爲泰之狀。此亦妄人而已矣。孟子所謂雨集溝澮皆盈。其涸可立而待也。烏能久矣。曰。有無虛實約泰之分奈何。曰。無絕無也。虛則未滿之名耳。二者兼內外學之所至事之所能而言。約之與泰。則貧富貴賤之稱耳。爲之云者。作爲如是之形。作爲如是之事者也。爲而無以繼。則雖欲爲有恒不可得矣○南軒張氏曰。聖人者。肖天地者也。君子者。具其體而未能充實者也。故聖人不得而見。得見君子斯可矣。善人。資稟醇篤。無惡之稱。有恒者。則能謹守常分而已。故善人不得而見。得見有恒者斯可矣。以善人之資而進學不已。聖蓋可幾。有恒而力加勉焉。亦足以有至也。若夫已無而以爲有。已虛而以爲盈。在約而以爲泰。則是驕矜虛浮不務實者。其能以有恒乎。未能有恒。況可言學乎。○勉齋黄氏曰。亡爲有。虛爲盈。約爲泰。三者誇大欺妄之意。不實之謂也。人惟實也。則始終如一。故能有常。今其人不實如此。又豈敢望其有常哉。夫子稱聖人君子有恒不可得見。而卒及乎此。又以明夫有恒者之亦不可見也。○慶源輔氏曰。學至於聖人。則造乎極而無以復加矣。君子雖未及乎聖人。然其才德超出於衆。則其爲學亦以成矣。善人雖未必知學。然其資質之美。自然至於善而不至於惡。至於有恒者。則資質又有不及善人。但亦純固而不務虛誇。守其一端。則終身不易者也。○新安陳氏曰。入德有門户。進德有閫奥。自有恒而入學。充之以造於極。有至聖域之理。虛誇無恒者。尚無入德之門户。況敢望進德造於閫奥乎。末三句。言不常之失。以明有恒之義。學者以希聖爲標準。而能以有恒爲入門。其庶幾焉

○子釣而不綱。弋不射宿。射食亦反

綱以大繩屬網音燭絕流而漁者也弋以生絲繫矢而射也宿宿鳥勿軒熊氏曰多能鄙事此亦可見○洪氏曰孔子少去聲貧賤為養並去聲與祭或不得已而釣弋如獵較音角是也然盡物取之絕流而漁出其不意射宿亦不為也此可見仁人之本心矣慶源輔氏曰不曰聖人之本心而曰仁人之本心據此事只可謂之仁然曰本心則聖人亦不能加毫末於此矣○新安陳氏曰於取物之中有愛物之仁於此可見其本心待物如此待人可知小者如此大者可知南軒張氏曰聖人之心天地生物之心也其親親而仁民仁民而愛物皆是心之發也然於物也有祭祀之須有奉養賓客之用則其取之也有不得免焉於是取之有時用之有節若夫子之不絕流不射宿則皆仁之至義之盡而天理之公也使夫子之得邦家則王政行焉鳥獸魚鼈咸若矣若夫窮口腹以暴天物者則固人慾之私也而異端之教遂至於禁殺茹蔬殞身飼獸而於其天性

之親。人倫之愛。反恝然其無情也。則亦豈得爲天理之公哉。故梁武之不以血食祀宗廟。與商紂之暴殄天物。事雖不同。然其咈天理以致亂亡。則一而已。

○子曰。蓋有不知而作之者。我無是也。多聞擇其善者而從之。多見而識之。知之次也。識音志

不知而作。不知其理而妄作也。厚齋馮氏曰。桑柔詩云。予豈不知而作。古有此語孔子自言未嘗妄作。蓋亦謙辭。然亦可見其無所不知也。識。記也。所從不可不擇。記則善惡皆當存之以備參考。如此者雖未能實知其理。亦可以次於知之者也。朱子曰。知以心言。得於聞見者次之。聞見皆欲求其多。否則聞見孤寡。不足以爲學矣。擇字生於從字。識則未便有從意。故不言擇善。聞見亦是互相發明。不可泥看。○多聞。已聞得好話了。故從中又揀擇。多見。只是平日見底

事都且記放這裏○問不知而作作是述作或只是凡所作事曰只是作事又曰聞見大畧爭不多較所聞畢竟多聞須別識善惡而從見則見得此爲是彼爲非則當識之他日行去不差也○未擇時則未辨善惡擇了則善惡別矣譬如一般物好惡夾雜在此須是擇出那好底擇去那惡底擇來擇去則自見得好惡矣○聞是聞前言往行從之是擇其在善者而從之見是泛泛見得雖未必便都從他然也記著他終始首尾得失○南軒張氏曰天下之事莫不有所以然不知其然而作焉皆妄而已聖人之動無非實理也其有不知而作者乎雖然知未易至也故又言知之次者使學者有所持循由其序而至焉多聞擇善而從多見而識其善雖未及乎知之至然知之次也擇焉識焉而不已則其知將日新矣○慶源輔氏曰夫子言此雖是謙辭然於無所不通之聖自有不可掩者○新安陳氏曰集註全不說聞見二字其不可拘泥明矣學干祿章亦只總之云多聞見者學之傅未嘗拘拘分別聞與見也

○互鄉難與言童子見門人惑見賢遍反

互鄉鄉名。其人習於不善難與言善惡者疑夫子不當見之也

子曰。與其進也。不與其退也。唯何甚。人潔己以進與其潔也。不保其往也

疑此章有錯簡人潔至往也十四字當在與其進也之前。潔脩治也。與許也。往前日也。言人潔己而來但許其能自潔耳。固不能保其前日所爲之善惡也。但許其進而來見耳。非許其既退而爲不善也。依改正次序釋五句蓋不追其既往。不保其往不逆其將來。不與其退以是心至。潔己以進斯受之耳。與潔與進唯字上下疑又有闕文。唯字全無意大抵亦不爲已

甚之意○程子曰聖人待物之洪如此南軒張氏曰以互鄉之俗惡而童子又非得與先生長者抗禮者而夫子見之故門人惑焉夫子謂其進之志則善與其進而志善也而不與其退而不善也若於進而志善之時以其退而不善而拒之則何甚也聖人之心天也其有已甚者乎則又反復言之謂凡人潔已以進則當與其潔耳固不可保其往也此所謂顯比王用三驅至公之心也○慶源輔氏曰人前日爲不善而今日向善未可知今日向善而後日爲不善亦未可知若追其既往又逆其方來則已甚而待人狹隘矣○厚齋馮氏曰童子年少未嘗深涂於其習俗而不可轉移聖人何忍遽絕之孟子不爲已甚之說蓋出於此

○子曰仁遠乎哉我欲仁斯仁至矣

仁者心之德非在外也放而不求故有以爲遠者反而求之則即此而在矣夫音扶豈遠哉○程子曰爲仁由己

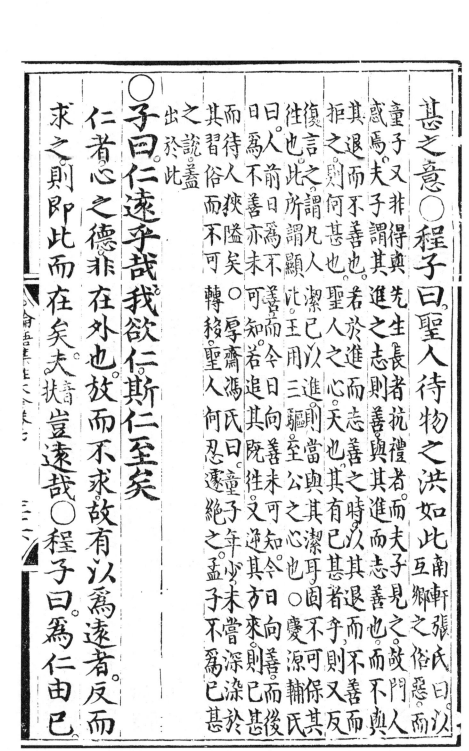

欲之則至何遠之有朱子曰欲有好底如我欲仁可欲之謂善不是情欲之欲○仁本固有欲之則至志之所至氣亦至焉○問斯仁至矣至右來至之意曰昔者亡之今忽在此如自外而至耳如易言來復實非自外而來也○孔門許多弟子聖人竟不曾以仁許之雖以顏子之賢而尚或違於三月之後而聖人乃曰我欲斯至盡亦於日月體驗我若欲仁其心如何仁之至其意又如何又如非禮勿視聽言動蓋欲每事省察何者為禮何者為非禮而吾又何以能勿視勿聽若每日如此讀書幾看得道理自我心而得不為徒言也○南軒張氏曰仁豈遠於人乎患人不欲之耳欲之斯至不曰至仁而曰斯仁至矣蓋仁非有方所而可往至之也欲仁而仁至我固有之也○覺軒蔡氏曰時人皆以仁道遠而難為故夫子以工夫之切近者勉而進之謂仁豈遠乎哉我欲仁斯仁至矣蓋仁者心之德纔一收斂則此心便在所以甚言其近且易不待他求也○慶源輔氏曰仁者心之德我固有之非在外也如手之執足之履目之視耳之聽不假外求欲之則至何遠之有而人不知反求而病其遠此夫子所以發此論也○雙峯饒氏曰欲仁仁至其至也固易其去也

亦易。須於既至之後。常加操存之功。方能不違仁也。○新安陳氏曰。斯字甚緊。如時人斯其惟皇之極之斯。即此二字貼斯字

○陳司敗問昭公知禮乎。孔子曰。知禮

陳國名。司敗。官名。即司寇也。胡氏曰。左氏傳。陳楚名司寇爲司敗 昭公。魯君名稠音疇習於威儀之節。當時以爲知禮。故司敗以爲問。而孔子答之如此

孔子退。揖巫馬期而進之曰。吾聞君子不黨。君子亦黨乎。君取於吳爲同姓。謂之吳孟子。君而知禮。孰不知禮取七住反

巫馬姓。期字。孔子弟子。名施。魯人 司敗揖而進之也。相助匿非曰黨。禮不取同姓。而魯與吳皆姬姓。謂之吳孟子

者諱之使若宋女子姓者然禮坊記。取妻不取同姓。以厚別也。故買妾不知其姓。
則卜之。以此坊民。魯春秋猶去夫人之姓曰吴。其死曰
孟子卒○厚齋馮氏曰。古者男子稱氏。辨其族也。女子
稱姓。厚其別也。故制字姓從女。百世而婚姻不通者。周
道也。稱孔子。時孔子在陳。蓋記於陳也○慶源輔氏曰。
婦人稱姓。周女曰姬。宋女曰子。齊女曰姜。楚女曰芈。是
也○吴氏曰。謂者何人謂之。春秋哀十二年。書孟子卒。
不書葬。疑謂之孟子者。魯人諱之。而謂之吴孟子者。當
時譏誚之語也○新安陳氏曰。不稱姬而冠之以吴。終
有不可
掩者

巫馬期以告。子曰。丘也幸。苟有過。人必知之。

孔子不可自謂諱君之惡。又不可以取同姓爲知禮。故
受以爲過而不辭○吴氏曰。魯蓋夫子父母之國。昭公
魯之先君也。司敗又未嘗顯言其事。而遽以知禮爲問。

其對之宜如此也。及司敗以爲有黨而夫子受以爲過。
蓋夫子之盛德無所不可也。慶源輔氏曰。且以有過而人知爲幸。又可垂教以警
夫護疾忌醫者。然其受以爲過也。亦不正言其所以過。初若不
知孟子之事者。可以爲萬世之法矣。問昭公取同姓之事若天王舉法則
如何斷。朱子曰。此非昭公故爲之也。當時吳盛彊中國無伯主。以齊景公猶云既不能令又不受命。涕出而女
於吳。若昭公亦是藉其勢不得已之故。非貪其色而然也。天王舉法。則罪固不免。亦須原情自有處置。況不曰
孟姬而曰吳孟子。則昭公亦已自知其非矣。○南軒張氏曰。他國之大夫問吾國之君知禮與否。則但可告之
以知禮而已。及巫馬期以司敗之言告。則又豈可謂娶同姓爲知禮乎。若言爲君隱之意。則淺露已甚。而失前
對之本意矣。故但引已之過而已。然而娶同姓之爲非禮。其義固已在其中矣。聖人辭氣之間。其天地造化與
○吳氏曰。夫子受以爲過。則昭公不得爲知禮可知。隱諱者。臣子之私。是非者。天下之公。夫子答司敗與期可

謂兩盡其旨矣。葉公以證父之惡爲直。司敗以隱君之惡爲黨。彼蓋知直之爲公。黨之爲私。而於父子君臣之義。蔑如也。微夫子大道其隱乎。○雲峯胡氏曰。使夫子而直指君之非。則自無君臣之禮。使夫子而不自引己之過。則遂無婚姻之禮。何以爲萬世之法哉

○子與人歌而善。必使反之。而後和之。和去聲

反。復也。必使復歌者。欲得其詳而取其善也。而後和之者。喜得其詳而與其善也。朱子曰。子與人歌而善。必使反之。而後和之。今世間人與那人說話。那人正說得好。自家便從中截斷。如云已自理會得。不消說之類。以此類看聖人是甚氣象。與人歌且教他自歌一終了。方令再歌。而後和之。不於其初歌便和。恐混雜他。不盡其意。此見聖人與人爲善。○若不待其反而後和。則他有善亦不得而知。今必使之反之。而後和之。便是聖人不掩人善處。○慶源輔氏曰。詳謂首尾節奏之備。○雙峯饒氏曰。子與人歌。是與之同歌。反者。使之自歌。和則已之自歌也。○新安陳氏曰。集註

取與二字，如孟子取諸人以爲善，是與人爲善者也。初則取之，既取而許與奬勸之。此見聖人氣象從七容反容，誠意懇至，而其謙遜審密，不掩人善又如此。蓋一事之微，而衆善之集有不可勝平聲既者焉。讀者宜詳味之。朱子曰：聖人天縱多能，其於小藝不待取於人而後足，乃欲得其詳如此，其謙遜謹審可知也。然若不待其曲終而遽和之，則幾於伐己之能以掩彼之善矣。故必俟其曲終，以盡見其首尾節奏之善，然後又使復歌而始和之，則既不失其與人爲善之意，而又不掩其善也。然此亦聖人動容周旋，自然而中，非有意於爲之也。○抑又見其從容不迫，不輕信而易悅之意。○問：子與人歌而善，必使反之而後和之。晦翁云蓋一事之微，而衆善之集有不可勝既者，如何？潛室陳氏曰：必使復歌者，既欲彰其善之實，又欲暢其歌之情，而後和之者，示我樂善之無倦，詠歎而淫泆之也。只一歌詩耳，而意思綢繆容與若此，豈非衆善之集乎？○慶源輔氏曰：氣象從容，故謙遜；誠意懇至，故審密。○雲峯胡氏曰：此不過歌之善者爾，夫子所以取之與之者如此。

則凡所以取人之善與人之善者可知矣

○子曰：文莫吾猶人也，躬行君子，則吾未之有得。

莫，疑辭。猶人，言不能過人，而尚可以及人。未之有得，則全未有得，皆自謙之辭。而足以見言行去聲之難易去聲緩急，欲人之勉其實也。慶源輔氏曰：勉人爲其實而不廢其文，但有先後緩急之序耳。○雙峯饒氏曰：身行君子之道而有得，則爲君子之德矣。○謝氏曰：文雖聖人無不與人同，故不遜；能躬行君子，斯可以入聖，故不居。猶言君子道者三，我無能焉。朱子曰：文莫吾猶人也，莫是疑辭，猶今人云莫是如此否。言文則吾與人一般，如云聽訟吾猶人也。若躬行君子，則吾未之有得。此與君子之道四，丘未能一焉之意同。○問此章曰：於文言其可以及人，足見其不難繼之意；言其不能過人，又見其不必工之意。且合而觀之，又見其雖不遜其能而亦不失其謙也。於行言其未之有得。則見其實之難焉見其必以得爲效焉。見其汲汲於此而不敢有毫髮自足之心焉。一言之中。而指意反覆更出互見。曲折詳盡至於如此。非聖人而能若是哉。○雲峯胡氏曰。此文字輕。不過著於言辭者爾。○新安陳氏曰。文不在茲之文。文字重。此以文對躬行而言。可見文爲言而躬行爲行。故集註以言行之難易緩急釋之

○子曰。若聖與仁。則吾豈敢。抑爲之不厭。誨人不倦。則可謂云爾已矣。公西華曰。正唯弟子不能學也

此亦夫子之謙辭也。聖者。大而化之。仁。則心德之全而人道之備也。勿軒熊氏曰。聖則仁之熟而至於化矣。聖非出於仁之外也。○新安陳氏曰。此集言之仁。包義禮智。故爲心德之全。立人之道曰仁與義。仁體而義用。言仁則義在其中。故爲人道之備。爲之。謂爲仁聖之道。誨人。亦謂以此教人也。朱子曰。他不曾說是仁聖。但

爲之畢竟是箇甚麽，誨人是箇甚麽。○新安陳氏曰：自爲觀十五志學章可見，教人觀博文約禮可見，皆不外乎知行。然不厭不倦，非己有之則不能，所以弟子不能學也。雲峯胡氏曰：此雖夫子不敢當聖與仁之名，而愈見夫子有聖與仁之實。○新安陳氏曰：夫子雖不居仁聖之名，而所行所教無非不息於仁聖之道。不厭不倦，即純亦不已也。非己實有此仁聖之道，則有時而厭倦矣。○鼂音潮氏曰：名說之，字以道，清豐人。當時有稱夫子聖且仁者，以故夫子辭之。苟辭之而已焉，則無以進天下之材，率天下之善，將使聖與仁爲虛器，而人終莫能至矣。新安陳氏曰：聖仁之道若天下無一人能與於此，是終爲虛器，而無人能實之矣。故夫子雖不居仁聖，而必以爲之不厭、誨人不倦自處上聲也。可謂云爾已矣者，無他之辭也。公西華仰而歎之，其亦深知夫子之意矣朱子曰。夫子固多謙辭。到得說抑爲之不厭。誨人不倦。公西華便識得。所以有正唯弟子不能學也之說。便說道聖人有不讓處。○其他人爲之誨人不能無厭倦時。惟聖人則不厭不倦。正唯弟子不能學也。言正是弟子不能學處。這若不是公西華親曾去做來。親見是恁地。如何解恁地說。○仁之與聖所以異者。大而化之之謂聖。若大而未化之。只可謂之仁。此其所以異。○南軒張氏曰。夫子雖不居聖。然玩味辭氣。其所以爲聖者亦可得而見矣。夫盡人道。聖人也。爲之不厭。誨人不倦。聖人之仁。天之無疆也。○慶源輔氏曰。爲之不厭者。仁聖之實。誨人不倦者。仁聖之施。非在己者有仁聖之德。豈能如是。公西華蓋即爲之不厭誨人不倦而見夫子實全仁聖之道。非學者所能效也。○雙峯饒氏曰。前以學不厭誨不倦。爲何有於我。此却以二者自任。何也。蓋前章是泛說。所以雖非聖人之極至。而亦不敢當。此章是見人以仁聖歸之已。既遜了第一第二等。只得且承當第三等底事。所以勉人也

○子疾病。子路請禱。子曰。有諸。子路對曰。有之。誄曰。禱爾

于上下神祇。子曰：丘之禱久矣。誄，力軌反。

禱，謂禱於鬼神。有諸，問有此理否。誄者，哀死而述其行去聲，下素行同之辭也。厚齋馮氏曰：士有誄，累生時德行以賜之命，則誄。周官六辭，六曰誄是也。禱疾亦誄其功德，故謂之誄云。上下，謂天地。天曰神，地曰祇。禱者，悔過遷善，以祈神之佑也。朱子曰：只是引此古語以明有禱之理，非謂欲禱皇天后土也。禱雖臣子之禮，其辭則述君父悔過遷善之意，以解謝鬼神之譴怒。無其理，則不必禱。既曰有之，則聖人未嘗有過，無善可遷，其素行固已合於神明，故曰丘之禱久矣。問：聖人與天地合其德，與鬼神合其吉凶。我即天地鬼神，天地鬼神即我，何禱之有。朱子曰：自他人言之，謂聖人如此可也。聖人之心，豈以此自居？惟味某之禱久矣一句，語意深厚。聖人氣象與天人之分，自求多福之意可見。○雙峯饒氏曰：誄，如哀公誄孔子是也。古誄文之意，盖曰往者疾病時嘗禱爾于神祇矣。而卒莫之救。蓋哀其死之辭也。○新安陳氏曰。聖人素履無愧。少壯迨老。無非對越神明之時。豈待疾病而後禱哉。所謂禱久矣。乃因子路引禱爾而言。蓋不禱之禱也。 又士喪禮疾病行禱五祀。儀禮第十三篇。註云。謂門。戶。竈。行。中霤。盡孝子之情。五祀博言之。士二祀。曰門。曰行。蓋臣子迫切之至情有不能自已者。初不請於病者而後禱也。故孔子之於子路不直拒之。而但告以無所事禱之意。朱子曰。在臣子則可。在我則不可。聖人也知有此理。故言我不用禱。而不責子路之非也。疾病行禱者。臣子之於君父。各禱於其所當祭。子路所欲禱必非淫祀。但不當請耳。○病而與聞乎禱。則是不安其死而諂於鬼神以苟須臾之生。君子豈爲是哉。祈禱卜筮之屬。皆聖人之所作。至於夫子而後敎人一決諸理。而不屑於冥漠不可知之間。其所以建立人極之功於是而備。○問。嘗疑集註曰。聖人未嘗有過。無善可遷。其素行固已合於神明。故曰丘之禱久矣。夫自其論聖人所以無事於禱者。其義固如此。然此一句。乃聖人自語也。聖人之意。豈自謂我未嘗有過無善可遷。其素行固已合於神明哉。曰。聖人固有不居其聖時節。又有直截擔當無所推讓時節。如天生德於予。未喪斯文之類。蓋誠有不可揜者。○南軒張氏曰。子路請禱而夫子告之以有諸。蓋欲子路深省夫禱之理也。苟知其有是理。則知夫子之何用禱也。而子路未達。獨舉誄以爲證。於是從而告之曰。丘之禱久矣。蓋禱者悔過遷善之意。平日之思慮云爲。神之聽之。未嘗斯須離也。一有未順。則逆于神理。是則當禱也。若夫聖人之心。則所謂天且弗違。而況於鬼神乎。獨曰丘之禱久矣。辭氣謙厚。而所以啓告子路者亦至矣。○慶源輔氏曰。疾病而行禱。乃臣子迫切之至情。在周公猶爲之。然周公則可。武王則不可。子路則可。夫子則不可。領子路之至情。明在已之正理。夫子之心。即天地神祇之心也。○厚齋馮氏曰。觀夫子答媚竈之問。以爲獲罪於天。無所禱也。然則行與天合。禱何所用。在子路爲夫子禱則可。請於夫子而後禱。則夫子不爲也。○雲峯胡氏曰。禱自是臣子之至情。無所事禱自是聖人之素行。不必以夫子之言遂謂禱爲無。亦不必以子路之言直謂禱爲有。要之鬼神之有無不必問。但人之素行自不可失爾

○子曰奢則不孫儉則固與其不孫也寧固孫去聲

孫順也固陋也奢儉俱失中而奢之害大雲峯胡氏曰與其奢也寧儉是言禮之獘也如此與其不孫也寧固是言獘之極也其終必至於此○新安陳氏曰奢失之過儉失之不及皆非中道然奢者而僭犯爲害甚儉陋之害止此而已即與其奢也寧儉之意○晁氏曰不得已而救時之獘也問奢則不孫朱子曰纔奢便是不孫他自是不戢斂也且看奢底人意思儉底人意思那奢底人便有驕傲底意思須必至於過度僭上而後已○問奢非止謂僭禮犯上之事只是有奢張侈大之意便是否曰是

○子曰君子坦蕩蕩小人長戚戚

坦平也蕩蕩寬廣貌程子曰君子循禮故常舒泰小人役於物故多憂戚○程子曰君子坦蕩蕩心廣體胖南軒

張氏曰。正己而不求諸人。故坦蕩蕩。徇欲而不自反。故長戚戚。坦蕩蕩。非謂放懷自適。無所憂慮之謂也。謂求之在己而無必於外。故常舒泰云耳○胡氏曰。循理役於物。乃蕩蕩戚戚之所由生也。理本自然。循而行之。則坦然而平。不愧不怍。所以舒泰。爲物所役。則求名役於名。求利役於利。行險僥倖。患得患失。所以憂戚○厚齋馮氏曰。蕩蕩曰坦。其心無適而不寬廣也。戚戚曰長。無時而不憂慮也

○子溫而厲。威而不猛。恭而安。

厲。嚴肅也。人之德性本無不備。而氣質所賦。鮮上聲有不偏。慶源輔氏曰。德性根於無極之眞。所以本無不備。氣質稟於陰陽五行之氣。有剛柔過不及之分。所以鮮有不偏 惟聖人全體上聲渾然。陰陽合德。雙峯饒氏曰。全體渾然。應上文德性而言。陰陽合德。應上文氣質而言 故其中和之氣見賢遍反於容貌之間者如此。朱子曰。厲便自有威底意思。不猛。便自有溫底意思。溫威恭三字是主。厲不猛安是帶說。如伯

夷柳下惠猶未免偏。下惠則温勝厲，伯夷則厲勝温。○問集註云陰陽合德，竊嘗因其言而分之，以上三截爲陽而下三截爲陰，似乎有合。然又以上三截爲陰而下三截爲陽，亦似有合。未知所決，抑聖人渾是一元氣之會，無間可得而指。學者强爲之形容，如且以其說自分三才而言，則温然有和之可挹而不可屈奪，則人之道也。儼然有威之可畏而不暴於物，則天之道也。恭順卑下而恬然無所不安，則地之道也。自陽根陰而言，則温者陽之和，厲者陰之嚴，威者陽之震，不猛者陰之順，恭者陽之主，安者陰之定。自陰根陽而言，則温者陰之柔，厲者陽之剛，威者陰之慘，不猛者陽之舒，恭者陰之肅，安者陽之健。蓋渾然無適而非中正和平之極，不可得而偏指者也。曰：此說推得亦好。○温厲之說，若直以厲爲主，誠可爲一偏之論矣。或恐以氣質之偏而欲矯以趨中，則有當如是者，亦不爲過矣。然聖人之温而厲，乃是天理之極致，不急不思，自然恰好，豪髮無差處，要須見此消息，則用力矯揉，隨其所當，自有準則，不至偏倚矣。○此雖是說聖人之德容如此，然學者也當如此舉偏補弊，蓋自舜之命夔已如此，而皋陶陳九德亦然。○初學如何便得安？除是孔子方恭而安。初要持敬也須勉強。久後自熟。○南軒張氏曰。和順充積者。其發見必溫然。溫而厲也。德盛者其威必著於外。威而不猛也。從容中禮者。其貌必恭。恭而安也。溫而不厲。則和而無制。有害於溫矣。威而猛。則為物所憚。有病於威矣。恭而不安。則不可以持久。有損於恭矣。從容而全盡者。其惟聖人乎○新安陳氏曰。常人偏於溫則不厲。偏於威則易猛。勉於恭則不安。聖人溫而厲。陽中有陰也。威而不猛。陰中有陽也。恭而安。恭者嚴威儼肅。陰也。安者和順自然。陽也。亦陰中有陽也。惟其不偏而中。是以不戾而和。惟聖人有中和自然之德性。所以有中和自然之德容

也。門人熟察而詳記之。亦可見其用心之密矣。抑非知去聲足以知聖人而善言德行去聲者不能記。慶源輔氏曰。用心不密。則見其溫不見其厲。餘皆然。故程子以為曾子之言。學者所宜反復方服反而玩心也。問此章是總言聖人容貌。鄉黨是逐事上說否。朱子曰。然。此章就大體上看。

論語集註大全卷之七

論語集註大全卷之八

泰伯第八

凡二十一章

子曰。泰伯其可謂至德也已矣。三以天下讓。民無得而稱焉。

泰伯。周大音泰王之長上聲下同子。至德。謂德之至極無以復扶又反加者也。三讓。謂固遜也。朱子曰。古人辭讓以三爲節。一辭爲禮辭。再辭爲固辭。三辭爲終辭。無得而稱。其遜隱微無迹可見也。蓋大王三子。長泰伯。次仲雍。次季歷。大王之時。商道寖衰而周日彊大。季歷又生子昌。有聖德。大王因有翦商之志。而泰伯不從。（問詩云至于大王實始翦商恐是推本得天下之由如此。朱子曰。若推本說。不應下實始翦商。翦商自是周人說。若無此事。他豈有自誣其祖。左氏分明說泰伯不從。不知是不從甚事）大王遂欲傳位季歷以及昌。泰伯知之。即與仲雍逃之荊蠻。（洪氏曰。仲雍之讓一也。何以獨稱泰伯。泰伯當立者也）於是大王乃立季歷。傳國至昌而三分天下有其二。是爲文王。文王崩。子發立。遂克商而有天下。是爲武王。夫（音扶）以泰伯之德。當商周之際。（謂二代交會之間）固足以朝（音潮）諸侯有天下矣。乃棄不取。而又泯其迹焉。則其德之至極爲如何哉。蓋其心即夷齊扣馬之心。而事之難處（上聲）有甚焉者。（朱子曰。夷齊諫武王不信便休。泰伯不從大王翦商。却是一家內事。與諫武王不同。所以謂之難處。夷齊處君臣間道不合則去。泰伯處父子之際不可露形迹。）

只得不分不明且去。其書謂大王有疾。泰伯採藥不返。疑此時亾也宜夫子之歎息而贊美之也。泰伯不從事見賢遍反春秋傳吳越春秋。古公三子。古公。周大王之本號。後乃尊爲大王。名亶父長曰泰伯。次曰仲雍。一名虞仲。少曰季歷。季歷娶大任。生子昌。古公知昌聖。欲傳國以及昌。曰興王業者。其在昌乎。泰伯仲雍望風知指。古公病。二人託名採藥于衡山。遂之荊蠻。荊蠻者。楚舊號。以州言曰荊。蠻者南夷之名。正義曰。泰伯奔吳。所居城在蘇州北常州無錫縣界梅里村。其城及冢見存。而云亡荊蠻者。楚滅越。其地屬楚。秦滅楚。其地屬秦。秦諱楚。故通號吳越之地爲荊。及北人書史加云蠻。勢之然也斷髮文身。因其俗。爲夷狄之服。示不可用。古公卒。泰伯仲雍歸赴喪畢。還荊蠻。國民君事之。自號爲勾吳。吳言勾者。夷之發聲。猶言於越耳。吳名始於泰伯。明以前未有吳號。古公病。將卒。令季歷讓國於泰伯。而三讓不受。故云泰伯三以天下讓○問泰伯逃之荊蠻斷髮文身者。蓋不示以不可立。則王季之心不安。其位未定。終無以仁天下。遂父志。而成其遠者大者。泰伯之讓。上以繼大王之志。下以成王季之業。無非爲天下之公。而不爲一身之私。其事深遠。民莫能測識而稱之。曰。此意甚好。非惟說得泰伯之心。亦說得王季之心。泰伯之讓。權而不失其正。所以爲時中也。逃父非正。但事須如此。必用權然後得中。雖變而不失其正也○犬王見商政日衰。是以有翦商之志。泰伯惟知君臣之義截然不可犯。是以不從。二者各行其心之所安。聖人未嘗說一邊不是。泰伯之心。即夷齊扣馬之心。天地之常經也。犬王之心。即武王孟津之心。古今之通義也。於二者中須見得道並行而不相悖乃善○論語兩稱至德。一爲文王發。是對武王誓師而言。一爲泰伯而發。則是對犬王翦商而言。若論其志。則文王固高於武王。而泰伯所處又高於文王。若論其事。則泰伯王季文王武王。皆處聖人之不得已。而泰伯爲獨全其心。表裏無憾也○或問其爲至德何也。曰。讓之爲德美矣。至於三。則其讓誠矣。以天下讓。則其讓大矣。而又隱晦其迹。使民無得而稱焉。則其讓非有爲名之累矣。此其德所以至極而不可加也。曰。犬王有立少之意。非禮也。泰伯又探其邪志而成之。至於父死不赴。傷毀髮膚。皆非賢者之事。不合於中庸之德矣。曰。犬王之欲立賢子聖孫。爲其道足以濟天下。非有愛憎利欲之私也。是以泰伯去之不爲狷。王季受之不爲貪。不赴毀傷。不爲不孝。蓋處君臣父子之變。而不失乎中庸。所以爲至德也。○陳氏曰。泰伯讓國。人得見其迹。其讓天下。人莫知其心。所以聖人表而出之。蓋其處父子兄弟之變。而欲全天性之恩。處商周興亡之際。而欲全君臣之義。其事類夷齊。而又泯其迹也。○雙峯饒氏曰。泰伯逃以成父之志。所以上順天命於幾微。而下爲他日開拯民水火之地。非特遜國而實以天下遜也。○新安陳氏曰。泰伯既不從大王翦商之志。苟不倂與仲弟逃之。則大王無由傳之季歷。不得遂其志矣。今自泰伯與仲雍俱逃。遂傳季歷以及武王而有天下。是周有天下。由於泰伯之逃。人但見泰伯之逃。而不知其實以天下讓。其讓隱微。無迹可見。更涉三世。事幾漫滅。人安得而稱之。必待夫子推原周得天下之由。發其潛德之幽光。而後人始知之歟。

○子曰。恭而無禮則勞。愼而無禮則葸。勇而無禮則亂。直而無禮則絞。葸絲里反 絞古卯反

葸。畏懼貌。絞。急切也。朱子曰。絞。如繩兩頭絞得緊。都不寬舒 無禮則無節

文。故有四者之弊朱子曰。禮只是理。只是看合當恁地不恁地。若不合恭後却要去恭。則必勞。若合當謹後謹則不葸。若合當勇後勇則不亂。若不當直後却要直。如證攘羊之類便是絞。○南軒張氏曰。恭而無禮。則自爲罷勞。慎而無禮。則徒爲畏懼。勇而無禮。則流於陵犯。直而無禮。則傷於急切。然則其弊如此。何所貴於恭慎勇直者哉。蓋有禮以節之。則莫非天理之當然。無禮以節之。則是人爲之私而已。是故君子以約諸已爲要矣。○慶源輔氏曰。恭慎柔德也。勇直剛德也。四者雖皆美德。然無禮以爲之節文。則過而爲四者之弊。○雙峯饒氏曰。恭而過則病于夏畦者有之。是謂勞。慎而過則畏首畏尾者有之。是謂葸。勇而過則犯上作亂者有之。是謂亂。直而過則證父攘羊者有之。是謂絞。四德以得中爲貴。禮是中底準則。無準則則失之過。故有弊。

君子篤於親。則民興於仁。故舊不遺。則民不偷。

君子謂在上之人也。興起也。偷薄也。雲峯胡氏曰。君子不弛其親。故舊無大故則不棄。周公之言。與此同一忠厚之至也。○新安陳氏曰。親親。仁也。上仁則下興仁。不遺故舊。厚也。上厚則下歸厚。上行下效也。○張子曰。人道知所先後。則恭不勞。慎不葸。勇不亂。直不絞。民化而德厚矣。○吳氏曰。君子以下當自爲一章。乃曾子之言也。愚按此一節與上文不相蒙。而與首篇謹終追遠之意相類。吳說近是。朱子曰。橫渠說未敢決以爲定。不若吳氏分作兩邊說爲是。

○曾子有疾。召門弟子曰。啓予足。啓予手。詩云。戰戰兢兢。如臨深淵。如履薄冰。而今而後。吾知免夫。小子。夫音扶。

啓。開也。曾子平日以爲身體受於父母。不敢毀傷。見孝經。故於此使弟子開其衾而視之。新安陳氏曰。此字指今病時。與上平日字對。

詩。小旻之篇。戰戰恐懼。兢兢戒謹。臨淵恐墜。履冰恐陷也。曾子以其所保之全示門人。而言其所以保之之難如此。至於將死而後知其得免於毀傷也。新安陳氏曰。述前日常恐難保此身。幸今日得以全保此身也。小子。門人也。語畢而又呼去聲之。以致反復方服反丁寧之意。其警之也深矣。○程子曰。君子曰終。小人曰死。見記檀弓。乃子張將死之言。君子保其身以沒。爲終其事也。故曾子以全歸爲免矣。慶源輔氏曰。終者。成其始之辭。死則澌盡泯沒之謂。君子平日以保身爲事。故於將沒可以言終。尹氏曰。父母全而生之。子全而歸之。曾子臨終而啓手足。爲去聲是故也。非有得於道。能如是乎。范氏曰。身體猶不可虧也。况虧其行去聲以辱其親乎新安陳氏曰此推廣餘意形體固全受德性尤全受之大者身體雖全德行有虧不可謂之全歸尤爲辱親也記祭義樂正子春曰吾聞諸曾子曾子聞諸夫子曰父母全而生之子全而歸之可謂孝矣不虧其體不辱其親可謂全矣亦謂德行之不可虧也○朱子曰曾子云戰戰兢兢如臨深淵如履薄冰此乃敬之意此心不存則常昏矣今有人昏睡著遇身有痛痒則蹶然而醒蓋心所不能已則自不至於忘中庸戒謹恐懼皆敬之意○曾子奉持遺體無時不戒謹恐懼直至啓手足之時方得自免這箇身已直是頃刻不可不戒謹恐懼如所謂孝非止是尋常奉事而已當念慮之微有毫釐差錯便是悖理傷道便是不孝只看一日之間内而思慮外而應接事物是多多少少這箇心略不撿點便差失了至危者無如人之心所以曾子常常恁地戰戰兢兢如臨深淵如履薄冰○南軒張氏曰曾子當死生之際其言如此與易簀之意同啓手足示保其身而無傷也戰兢臨履曾子平日之心所以爲敬而無失也至是而知免於戾所謂全而歸之也歟○慶源輔氏曰父母全而生之子全而歸之此祭義所載曾子述孔子之言也今若此可謂非苟知之亦允蹈之矣曾子平日見道

明。信道篤。故能始終不息如此○西山真氏曰。曾子之啓手足也。蓋以爲知免矣。而易簀一節。猶在其後。使其終於大夫之簀。猶爲未正也。全歸之難如此。學者其可不戰兢以自省歟○雲峯胡氏曰。范氏正恐學者但以曾子不虧其身而已。則將有僥倖苟免之意。故又特以不虧其行申言之。所以厲中人也。曾子嘗曰。仁以爲己任。死而後已。至此可謂能實踐其言矣

○曾子有疾。孟敬子問之

孟敬子。曾大夫仲孫氏。名捷。問之者。問其疾也

曾子言曰。鳥之將死。其鳴也哀。人之將死。其言也善

言。自言也。鳥畏死。故鳴哀。人窮反本。故言善。○慶源輔氏曰。人性本善。其惡者。役於氣動於欲而陷溺也。至將死氣消欲息故反本而言善。此凡人也。曾子平日所言何嘗不善。自謙云爾

此曾子之謙辭。欲敬子知其所言之善而識之也

識，音志。記也。

君子所貴乎道者三：動容貌，斯遠暴慢矣；正顏色，斯近信矣；出辭氣，斯遠鄙倍矣。籩豆之事，則有司存。遠、近，皆去聲。

貴，猶重也。容貌，舉一身而言。暴，粗厲也。慢，放肆也。朱子曰：暴剛者之過，慢柔者之過。人之容貌少得和平，不暴則慢。如人很戾，固是暴；稍不溫恭，亦是暴。倨肆固是慢，稍怠緩，亦是慢。信，實也。正顏色而近信，則非色莊也。朱子曰：正顏色亦著力不得，須是裏面正，後顏色自正。正其顏色，即近於信，表裏如一。正顏色而不近信，却是色莊。多見人顏色自恁地而中不恁地者，如色厲而內荏，色取仁而行違，皆外面有許多模樣，所存却不然，便是與信遠了。只將不好底對看便見。近字是對上遠字說。○新安陳氏曰：顏色以見於面者言。辭，言語。氣，聲氣也。鄙，凡陋也。倍，與背同。倍、背並音佩。謂背理也。朱子曰：今人議論有雖無甚差錯，只是淺陋者。此是鄙。又有說得甚高而實背於理者。此是倍○斯字來得甚緊。斯遠暴慢。猶云便遠暴慢。正顏色。便須近信○動出都說自然。惟正字却似方整頓底意思。蓋緣顏色亦有假做恁地而內實不然者。若容貌之動。辭氣之出。即容僞不得籩。竹豆。豆。木豆。新安陳氏曰。三禮圖說籩盛棗栗脩脯糗餌之屬。豆盛菹醢之屬言道雖無所不在。新安陳氏曰。此語甚闊。籩豆器物皆包在內然君子所重者在此三事而已。是皆脩身之要。爲政之本。學者所當操存省悉井反察而不可有造七到反次顛沛之違者也。若夫音扶籩豆之事。器數之末。道之全體固無不該。然其分扶問反則有司之守而非君子之所重矣。和靖尹氏曰。曾子所謂容貌乃睟然見於面者。出辭氣。如脩辭立其誠。有德必有言是也。暴慢鄙倍非謂人也。謂己所有爾。故曰遠○朱子曰。君子所貴乎道者三。是指夫道之所以可貴者爲說。故云道之所以可貴者有三事焉。故下數其所以可貴之實。且看世上人。雖有動容貌者。而便辟足恭。不能遠暴慢。雖有正顏色者。而色取仁而行違。多是虛僞。不能近信。雖有出辭氣者。而巧言飾辭。不能遠鄙倍。這便未見道之所以可貴矣。道之所以可貴者。惟是動容貌自然便會遠暴慢。正顏色自然便會近於信。出辭氣自然便會遠鄙倍。此所以貴乎道者此也。○以道言之。固不可謂此爲道。彼爲非道。然其本在此。則其末在彼。所貴在此。則其賤在彼矣。籩豆之事。非是說置之度外不用理會。只去理會動容貌三者。蓋此三者却是自家緊要合做底。籩豆是付有司管底。其事爲輕耳。今人於制度文爲一一致察。未爲不是。然於己身都不照管。於大體上欠闕。則是棄本而求末者也。籩豆之事。亦道之所寓。但非在所當先而可貴耳。○問集註舊以三者爲脩身之驗。爲政之本。非其平日莊敬誠實存省之功積之有素。則不能也。專是做效驗說。如是則動正出三字只是閑字。改本以驗爲要。非其以下。改爲學者所當操存省察。而不可有造次頃刻之違者也。如此則工夫却在動正出三字上。某疑正字尚可說做工夫。動字出字豈可以爲工夫耶。曰。這三字雖不是做工夫底字。然便是做工夫處。作效驗似有病。故改之。若專以爲平日莊敬持養。方能如此。則不成未莊敬持養底人。便不要遠暴慢近信遠鄙倍耶。○此章之指。蓋言日用之間。精粗本末無非道者。而君子於其間所貴者在此三事而已。然此三者。皆其平日涵養工夫至到之驗。而所以正身及物之本也。故君子貴之。若夫籩豆之事。則道雖不外乎此。然其分則有司之守。而非君子之所有事矣。蓋平日涵養工夫不至。則動容貌不免暴慢。正顏色不出誠實。出詞氣不免鄙倍矣。一身且不能治。雖欲區區於禮文度數之末。是何足以爲治哉。此乃聖門學問成己成物着實效驗。故曾子將死諄諄言之。非如異端揚眉瞬目妄作空言之比也。○陳氏曰。此章重在貴字上。集註舊本則平時涵養之說也。改本則臨事持守之說也。舊說雖有根源。却在三言之外起意。其工夫全在日前。而目下則疏闊。任其自爾。不若今本工夫縝密親切。既可以包平日涵養在內。又從目今臨事以至於一息未絶之前。皆無有頃刻之違。其所謂操存。則在上三句。所謂省察。則在下三句。本末不偏。始終兼貫。其義爲長。○汪氏曰。集註合操存省察爲說。乃朱子欲爲學者計。故以學者二字提出。所謂其分則有司之守。如樂記曰。鋪筵席。陳尊俎。列籩豆。以升降爲禮者。禮之末節也。

故有司掌之。又如周禮有籩人，皆有司也。○新安陳氏曰：所貴乎道，不求之高虛，而在乎容色辭氣之間，可謂切實矣。操存，即平日涵養於靜時者；省察，即目前致察於動時者。如動容貌，使省察其斯遠暴慢矣可也。下二節倣此。內外交盡，動靜兼該，工夫周密，始無欠闕。又此必因敬子之失而告之，其爲人得非忽略於脩身之本，而煩瑣於名物器數之末者乎？程子曰：動容貌，舉一身而言也。周旋中去聲禮，暴慢斯遠矣；正顏色則不妄，斯近信矣；出辭氣正由中出，斯遠鄙倍。此即集註舊說。三者正身而不外求，故曰籩豆之事則有司存。尹氏曰：養於中則見賢遍反於外。亦即集註舊說曾子蓋以脩己爲爲政之本，若乃器用事物之細，則有司存焉。勉齋黃氏曰：曾子之意，則但欲其在外之無不正，而集註之意，則以爲未有不正其內而能正其外者也。況夫暴慢也、信也、鄙倍也，皆心術之所形見者也。不正其內，安能使其外之無不正乎？有諸中必形諸外。制於外必養其中。則心可正。理可明。敬可存。誠可固。脩身之要孰有急於此者乎。此曾子將死之善言。不獨可爲孟敬子之師法而已。○胡氏曰。曾子之疾見於語者二。見於檀弓者一。此章最先。章次之。易簀最後。又曰。曾子是時氣息奄奄。性命僅存須臾。而聲律身度。心與理一乃如此。釋氏坐忘幻語。不誠不敬。豈能倣其萬一哉

○曾子曰。以能問於不能。以多問於寡。有若無。實若虛。犯而不校。昔者吾友嘗從事於斯矣

校。音教。計校也。友。馬氏融以爲顏淵是也。○厚齋馮氏曰。曾子之亡友多矣。獨以爲顏淵者。非顏子不能以與此。然顏子與曾皙爲輩行。父之執友也。曾子亦可謂之吾友乎。曰。同師門則皆友也顏子之心。惟知義理之無窮。該以能至若虛不見物我之有問。去聲○此謂犯而不校故能如此王氏曰。二句包盡。上句知之事。下句仁之事。○問以

能問於不能。朱子曰。想是顏子自覺得有未能處。但不比常人十事曉得九事。那一事便不肯問人。顏子深知義理之無窮。惟恐一善之不盡。故雖能而肯問於不能。雖多而肯問於寡。以求盡乎義理之無窮者而已。○犯而不校。蓋是他分量大。有犯者如蚊蟲過前。自不覺得。何暇與之校耶。○問從事於斯。是著力否。曰。若是著力。却是知自己能。自己多。須要去問。不幾於詐乎。曾子是見得顏子如此。非謂其著力也。

○謝氏曰。不知有餘在己。不足在人。（慶源輔氏曰。以理言也。釋上四句。）不必得爲在己。失爲在人。（慶源輔氏曰。以事言也。釋下一句。）非幾（平聲）於無我者不能也。（問幾字。朱子曰。聖人全是無我。顏子是不以我去壓人。却尚有箇人與我相對。在聖人便和人我都無了。○問以能問於不能。以多問於寡。有若無。實若虛。犯而不校。此聖人之事也。非與天同量者不能。顏子所以未達一間者正在此。故第曰嘗從事於斯。非謂已能爾也。曰。此正是顏子事。若聖人則無如此之迹。有如此說處便有合內外之意。如舜善與人同。舍己從人。好察邇言。用中於民。必兼言之。惟顏子行而未成。故其事止於如此爾○或問顏子深知義理之無窮惟恐一善之不盡非挾其能而故問之也雙峯饒氏曰仁者之心視人猶己故人雖有犯不恐與之校曲直纔校則直在己曲在人而物我相形矣便非包含徧覆之意又曰分言之則如上文所云合言之則能問不能犯而不校皆是無我故又引謝說以包之○吳氏曰子貢多聞故於顏子見其聞一知十曾子力行故又見其如此○雲峯胡氏曰聖賢無我之心常如太虛然能容天下之理而不見己之有餘能容天下之人而不見人之不是

○曾子曰可以託六尺之孤可以寄百里之命臨大節而不可奪也君子人與君子人也與平聲

其才可以輔幼君攝國政其節至於死生之際而不可奪可謂君子矣 朱子曰託孤寄命有才者能之臨大節而不可奪非有德者不能也○問君子才德出衆之名曰有德而有才方見於用如有德而無才則不能爲用亦何足爲君子○新安胡氏曰周禮疏云六

尺年十五。故知爲幼君。孟子曰公侯皆方百里。故知爲國政也。才者德之用。節者德之守。二者不可偏廢。有其節無其才。雖無欺人之心而未足以託。恐不免爲他人所欺也。雖無竊人之心、而未足以寄。恐不免爲他人所竊也。爲人欺竊而徒死無益矣。苟息死於奚齊是也。有其才無其節。則大者不足觀矣。霍光奪於妻顯是也。二者雖若槩言。而節爲之本。與疑辭也。決辭。設爲問荅所以深著其必然也。問此章本是兼才節說。然緊要處却在節操上。朱子曰。不然。三句都是一般說。須是才節兼全方可謂之君子。若無其才而徒有其節。雖死何益。如受人託孤之責。自家雖無欺之之心。却被別人欺了。也是自家不了事。不能受人之託矣。如受人百里之寄。自家雖無竊之之心。却被別人竊了。也是自家不了事。不能受人之寄矣。自家徒能臨大節而不可奪。却不能了得他事。雖能死。也濟得甚事。故伊川說君子者才德出衆之名。孔子曰。君子不器。既曰君子。須是事事理得方可。若但有節而無才也。喚做好人。只是不濟得事耳。○問託孤寄命。雖資質高者亦可及。臨大節而不可奪。非學問至者恐不能。曰。資質高底也都做得。學問到底也都做得。

大抵是上兩句易。下一句難。譬如說有猷有爲有守。託孤寄命是有猷有爲。臨大節而不可奪卻是有守。○新安陳氏曰。既有可託可寄之才。又有不可奪之節則始之疑其爲君子人者。今決知其爲君子人矣。大意以節爲重。而才以成之。節也者。才之所恃以立。才也者。節之所賴以成者歟

○程子曰。節操如是可謂君子矣

雙峯饒氏曰。既以才節並言。復引程子節操之說者。以明重在於節也。○問臨大節而不可奪也。貫上二句。蓋惟臨大節而不可奪。方見得可以託可以寄耳。夫託孤寄命幸而無大變。未見其難也。唯其幾微之間義理精明。危疑之時志意堅定。雖國勢搶攘。人心搖兀。猶能保輔幼孤而安其社稷。維持百里而全其生靈。利害不能移其見。死生不能易其守。故曰臨大節而不可奪也。斯足以當夫所謂可以託可以寄矣。朱子曰。此段亦好。鄙意正如此說。然可以二字蓋猶以其才言之。不可奪處乃見其節。重處正在此也

○曾子曰。士不可以不弘毅。任重而道遠

弘。寬廣也。新安胡氏曰。寬則容受之多。廣則承載之闊。毅。魚既反。強忍也。新安陳氏

曰。強則執守之堅。恐則負荷之久。

非弘不能勝平聲，下能勝同**其重。非毅無以致其遠。**朱子曰。弘只是寬廣。却被人只把做度量寬容看了。便不得。弘是執德不弘之弘。是無所不容。心裏無足時。道理事物都著得。若容民畜衆也是弘。但是外面事。今人多作容字說了。則弘字裏面無用工夫處。○弘字只對隘字看便見得。如看文字只執一說。見衆說皆不復取。便是不弘。若弘底人。便包容衆說。又非是於中無所可否。包容之中又爲判別。此便是弘。○弘乃能勝得箇重任。毅便能擔得遠去。弘而不毅。雖勝得重任。恐去前面倒了。○毅是立脚處堅忍強厲擔負得去底意。○潛室陳氏曰。弘言其量之容。猶大車之足以載重。毅言其力之勁。猶健馬之足以致遠。○雲峯胡氏曰。惟弘能勝重。不以一善而自足也。惟毅能致遠。不以半途而自廢也。○呂氏曰。自小者無敢爲之心。自怠者無必爲之志。此弘毅之反也

仁以爲己任。不亦重乎。死而後已。不亦遠乎。

仁者。人心之全德。而必欲以身體而力行之。可謂重矣。

一息尚存。此志不容少懈。居隘反可謂遠矣。朱子曰。須是認得箇仁。又將身體驗之。方真箇知得這擔子重。真箇是難。世間有兩種。有一種全不知者。固全無摸索處。又有一種知得仁之道如此大。而不肯以身任之者。今自家全不曾擔著。如何知得他重與不重。所以學不貴徒說。須要實去驗而行之方知。○慶源輔氏曰。仁包四者。無物不體。以爲己任。可謂重矣。非寬洪容受。何以勝其任。且曰必欲身體而力行之。則異乎說仁而但欲知之者矣。與生俱生。無有間斷。死而後已。可謂遠矣。非强忍堅決。何以致其遠。且曰此志不容少懈。則信乎求仁者不可有一造次顛沛之違矣。○覺軒蔡氏曰。弘毅不可執一而廢一。蓋弘者易失之不毅。毅者易失之不弘。然弘毅之任重道遠。又惟歸於仁。何也。蓋仁道最大。孔門傳道莫大於求仁。蓋仁之道非全體而不息者不足以當之。惟其全體也。則無一理之不該。所以不可不弘。惟其不息也。則無一念之間斷。所以不可不毅。仁之任重而道遠如此。是豈可以易爲哉。曾子平日三省一貫。致力於大學格致誠正脩齊治平。不使有一理之或違。非弘而何。啓手啓足。猶戰兢而不已。易簀之際。得正而斃。非毅而何。此所以卒任傳道之責也。○程子曰。弘而不毅。則無規矩而難立。毅而不弘。則隘陋而無以居之。此是寬以居之之居。又曰弘大剛毅然後能勝重任而遠到。朱子曰。曾子言以能問於不能。見曾子弘處。又言臨大節而不可奪。見他毅處。○新安陳氏曰。此章初以弘毅二者並立對說。細味之。任重而道遠。而字已作一意貫說下來。又所謂死而後已者何事哉。即是己所以任此仁者身體力行至死而後已也。程子謂弘大剛毅然後能勝重任而遠到。不假訓釋。辭約而意貫矣。

○子曰。興於詩。

興。起也。詩本性情。有邪有正。新安胡氏曰。如二南之正始爲正。鄭衛之淫奔爲邪。其爲言既易去聲下同知。詩辭明白而近人情。而吟詠之間。抑揚反覆新安陳氏曰。抑揚謂聲音高下。反覆謂前後重複翻倒。其感人又易入。故學者之

初所以興起其好去聲善惡去聲惡之心而不能自已者必於此而得之新安陳氏曰。此字指詩而言。學者之初得力在此

立於禮

禮以恭敬辭遜爲本而有節文度數之詳。新安胡氏曰。恭主一身而言。敬主一心而言。處己之道也。辭者解使去己。讓者推以與人。接物之方也。節文。品節文章也。度數。制度數目也。既有以爲處己接物之本。而周旋曲折又能纖悉如此。○新安陳氏曰。恭敬辭遜。禮之本也。節文度數。禮之文也可以固人肌膚之會。筋骸音諧之束。出記禮運。○新安胡氏曰。人肌膚本有所會。筋骸本有所束。至此又愈堅固故學者之中所以能卓然自立而不爲事物之所搖奪者必於此而得之新安陳氏曰。此字指禮而言。學者之中得力在此。○慶源輔氏曰。禮雖本於恭敬辭遜。然規矩森嚴。節目明備。外足以固人之肌膚筋骸。

而內足以禁人之非心逸志。學者之中於此固執而允蹈焉。則足踏實地。卓然自立。而外物不足以搖奪之

成於樂

樂有五聲十二律。更平聲唱迭和去聲。以爲歌舞八音之節。

前漢志。聲宮商角徵羽也。晉志。土音宮。其數八十一。爲聲之始。屬土者。以其最濁。君之象也。火音徵。三分宮去一以生。其數五十四。屬火者。以其微清。事之象也。金音商。三分徵益一以生。其數七十二。屬金者。以其濁次宮。臣之象也。水音羽。三分商去一以生。其數四十八。屬水者。以其最清。物之象也。木音角。三分羽益一以生。其數六十四。屬木者。以其清濁中。民之象也。凡聲尊卑取象五行。數多者濁。數少者清。大不過宮。細不過羽。○漢志。律有十二。陽律爲律。陰律爲呂。律以統氣類物。曰黃鍾。大簇。姑洗。蕤賓。夷則。無射。呂以旅陽宣氣。曰林鍾。南呂。應鍾。大呂。夾鍾。中呂。皆曰律。律陽統陰也。○白虎通。曰土曰塤。竹曰管。革曰鼓。匏曰笙。絲曰絃。石曰磬。木曰祝敔。金曰鍾鏞。此八音也。○朱子曰。書云。聲依永。律和聲。蓋人聲自有高下。聖人制五聲以括之。宮聲洪濁。其次爲

商。羽聲輕清。其次爲徵。清濁洪纖之中爲角。又制十二律以節五聲。五聲又各有高下。每聲分十二等。謂如黃鍾爲宮。則太簇爲商。姑洗爲角。林鍾爲徵。南呂爲羽。還至無射爲宮。便是黃鍾爲商。太簇爲角。中呂爲徵。林鍾爲羽。然而無射之律。只長四寸六七分。而黃鍾長九寸。太簇長八寸。林鍾長六寸。則宮聲槩下而商角羽三聲不過。故有所謂四清聲。夾鍾大呂黃鍾太簇是也。蓋用其半數。謂如黃鍾九寸。只用四寸半。餘三律亦然。如此則宮聲可以槩之。其聲和矣。看來十二律皆有清聲。只說四者。意其取數之多者言之

可以養人之性情而蕩滌其邪穢消融其查滓。滓莊里反。○新安陳氏曰。邪穢。謂私欲之汙惡。皆蕩滌而無餘。查滓。謂道理勉強未純熟者。皆消融而無迹也。故學者之終。所以至於義精仁熟易曰。精義入神。孟子曰。仁在乎熟之而已而自和順於道德者。易曰。和順於道德而理於義必於此而得之。是學之成也新安陳氏曰。此字指樂而言。三節當看始中終三字及三箇得之字。皆學之得力處也。○問五聲十二律作者非一人。不知如

何能和順道德。朱子曰。如金石絲竹匏土革木。雖是有許多。却打成一片。清濁高下長短大小更唱迭和。皆相應。渾成一片。有自然底和氣。不是各自爲節奏。歌者歌此而已。舞者舞此而已。所以聽之可以和順道德。學者須是先有興詩立禮工夫。然後用樂以成之。○興於詩。此三句上一字謂成功而言也。非如志於道四句上一字以用功而言也。○只是這一心。更無他說。興於詩。興此心也。立於禮。立此心也。成於樂。成此心也。古之學者必先學詩。學詩則誦讀其善惡是非勸戒。有以起發其意。故曰興。人無禮以爲規矩。則身無所處。故曰立。此禮之文也。中心斯無須不和不樂。則鄙詐之心入之。不和樂則無所自得。故曰成。此樂之本也。古者玉不去身。無故不徹琴瑟。自成童入學。四十而出仕。所以養之者備矣。理義以養其心。禮樂一作舞蹈以養其血氣。故其才高爲聖賢。下者亦爲吉士。由養之至也。○學之興起。莫先於詩。詩有美刺。歌誦之以知善惡治亂廢興。禮者所以立也。不學禮無以立。樂者所以成德。樂則生矣。生則惡可已也。惡可已。則不知手之舞之足之蹈之也。○詩較感發人。故在先。禮則難執守。須是常常執守得。樂則如太史公所謂動盪血脈。流通精神者。所以涵養前所得也。○興於詩是小底成於樂。成於樂，是大底興於詩。初間只是因他感發興起。到成處。却是自然恁地與理爲一。凡有毫髮不善都蕩滌得盡了。這是甚氣象。○慶源輔氏曰。樂雖始於詩歌。而聖人依之以五聲。和之以十二律。更唱迭和而以爲歌舞八音之節。所以合天人之和。以養人之耳目。諡人之情性。蕩滌其邪穢而使之不存。消融其查滓而使之盡化。學者於此涵泳而優游焉。則能至義精仁熟之地。而於道德各極其和順。而無一毫勉强拂戾之意也。興則起。立則不反。成則渾全。此三節其間甚闊。學者於此眞積而力久焉。則自知之。○吴氏曰。古詩樂相表裏。言之不足而歌生焉。歌之不足而舞生焉。歌舞生而樂作矣。聖人以爲未也。又爲之金石絲竹匏土革木以相其歌。羽旄干戚以飾其舞。而樂於是乎大備。君子於樂。或親爲其事。或觀聽其聲容。或講習以知其意。內而一心。外而衆體。蓋莫不有養焉。○齊氏曰。十三學樂誦詩。則已通於樂章。學舞。則已通於舞節。至成於樂。則淪肌浹髓而莫能名。手舞足蹈而不可已。○雲峯胡氏曰。興於詩。知之事。成於樂。則知之精。故曰義精。立於禮。行之事。成於樂。則行之熟。故曰仁熟。○新安陳氏曰。夫子屢以詩禮教人。至此則參及於樂。成於樂。所以成就

其始焉中焉之興於詩立於禮者也

○按內則十歲學幼儀十三學樂誦詩二十而後學禮則此三者非小學傳授之次乃大學終身所得之難易去聲下同先後淺深也朱子曰古人自少時習樂誦詩學舞不是到後來方始學詩學禮學樂興詩立禮成樂不是說用工次第乃是得效次第○詩者樂之章也故必學樂而後誦詩所謂樂者蓋琴瑟塤篪樂之一物以漸習之而節夫詩之音律者也然詩本於人之性情有美刺風喻之旨其言近而易曉而從容詠歎之間所以漸漬感動於人者又爲易入故學之所得必先於此而有以發起其仁義之良心也至於禮則有節文度數之詳其經至於三百其儀至於三千其初若甚難強者故其未學詩也先已學幼儀矣蓋禮之小者自爲童子而不可闕焉者也至於成人然後及其大者又必服習之久而有得焉然後內有以固其肌膚之會筋骸之束而德性之守得以堅定而不移外有以行於鄉黨州閭之間達於宗廟朝廷之上而其酧酢之際得以正固而不亂也至於樂則聲音之高下舞蹈之疾徐尤不可以旦暮而能

其所以養其耳目。和其心志。使人淪肌浹髓而安於仁義禮智之實。又有非思勉之所及者。必其甚安且久。然後有以成其德焉。所以學之最早。而其見效反在詩禮之後焉○潛室陳氏曰。此章先禮而後樂。內則先樂而後禮。此章非爲學之序。乃論其終身所得之先後也。學之序。當如內則。至其將來得力處。其先善心興起。是於詩上得力。其次操守植立。是於禮上得力。至末梢德性純熟。是於樂上得力○慶源輔氏曰。詩易於禮。禮易於樂。興者淺。立者深。成則又其深者也。故其先後之序如此

程子曰。天下之英才不爲少矣。特以道學不明。故不得有所成就。夫音扶古人之詩如今之歌曲。雖閭里童稚皆習聞之而知其說。故能興起。今雖老師宿儒。尚不能曉其義。況學者乎。是不得興於詩也。古人自洒掃並去聲。應對。以至冠去聲昏喪祭。莫不有禮。今皆廢壞。是以人倫不明。治家無法。是不得立於

禮也古人之樂聲音所以養其耳采色所以養其目歌詠所以養其性情舞蹈所以養其血脉今皆無之是不得成於樂也是以古之成材也易今之成材也難問成於樂是古人眞箇學其六律八音習其鍾鼓管絃方底於成今人但借其意義以求和順之理如孟子樂之實樂斯二者亦可以底於成否朱子曰古樂既亡不可復學但講學踐履間可見其遺意耳故曰今之成材也難○此章與志道據德章不同彼就德性上説此就工夫上説只是游藝一脚意思耳○西山眞氏曰自周衰禮樂崩壞然禮書猶有存者制度文爲尚可考尋樂書則盡缺不存後之爲禮者既不合先王之制而樂尤甚焉今世所用大抵鄭衛之音雜以夷狄之聲而已適足以蕩人心壞風俗何能有補乎然禮樂之制雖亡而禮樂之理則在故樂記謂致禮以治身致樂以治心外貌斯須不莊不敬而慢易之心入之矣中心斯須不和不樂而鄙詐之心入之矣莊敬者禮之本也和樂者樂之本也學者誠能以莊敬治其身和樂養其心則於禮樂之本得

之矣。亦足以立身而成德也。三百篇之詩雖云難曉。今諸老先生發明其義。了然可知。如能反復涵泳。眞可以感發興起。則所謂興於詩亦未嘗不存也。○胡氏曰。程子因世變而歎傷學者當因其尚存者而深考之。不可以自畫也。○雲峯胡氏曰。無程子之說。後世不知所以成材之難。無眞氏之說。後世遂眞以成材爲難矣。況詩自性情中流出。非吾心外物。天高地下。合同而化。天地閒自然之禮樂。禮是敬。樂是和。亦非吾心外物也。

○子曰。民可使由之。不可使知之。

民可使之由於是理之當然。而不能使之知其所以然也。朱子曰。民但可使由之耳。至於知之。必待其自覺。非可使也。由之而不知。不害其爲循理。及其自覺此理而知之。則沛然矣。必使知之。則人未知之心勝。而由之不安。甚者遂不復由。而惟知之爲務。其害豈可勝言。由之而自知。則隨其淺深自有安處。使之知。則知之必不至。至者亦過之。而與不及者無以異。此機心惑志所以生也。○所由雖是他自有底。却是聖人使之由。如道以德。齊以禮。敎以人倫。皆是使之由。不可使知。不是愚黔首是不可得而使知之。無緣逐箇與他解說。○問不知與百姓日用而不知同否。曰。彼是自不知。此是不能使之知。○不可使之知。謂凡民爾。學者固欲知之。亦須積累涵泳由之而熟。一日脫然自有知處乃可。亦不可使之强知也。○理之所當然者。所謂民之秉彝百姓所日用者也。聖人之爲禮樂刑政。皆所以使民由之也。其所以然則莫不原於天命之性。雖學者有未易得聞者。而況於庶民乎。其曰不可使知之。蓋不能使之知。非不使之知也。○潛室陳氏曰。謂政教號令。但能使民由行於中。不能使民洞曉其理。非不欲使之曉也。勢有所不能。故曰百姓日用而不知。○陳氏曰。所當然。如父當慈子當孝之類。所以然。乃根原來歷。是性命之本處。○新安陳氏曰。此理當然之則。必有所以然之故。當然之理。雖凡民可律以持循。其所以然之妙。在學者難遽求其領會。而況於凡民乎。○雙峯饒氏曰。兩之字皆指此理而言。民可使之由此理。不可使之知此理。堯舜帥天下以仁而民從之。桀紂帥天下以暴而民亦從之。以其無知故也。若知得仁爲是。暴爲非。則帥之以暴而不從矣。以此觀之。民不特不曉其所以然。於所當然者亦未易使之曉。

○程子曰。聖人設教非

不欲人家喻而戶曉也。然不能使之知。但能使之由之爾。若曰聖人不使民知。則是後世朝四暮三之術也。新安陳氏曰。借狙公之愚羣狙。以比後世之愚黔首不使之知也。豈聖人之心乎。列子云。宋有狙公者。善養猿猴之人。故號狙公。愛狙。養之成羣。將限其食。先誑之曰。與若芧。音序。栗也。一云橡子也。朝三而暮四。足乎。衆狙皆起而怒。俄而曰。與若芧。朝四而暮三。足乎。衆狙皆笑而喜。物之以能鄙相籠。皆由此也。○慶源輔氏曰。所謂聖人不使民知者。乃老氏愚民。莊子以智籠愚之說。朝三暮四。朝四暮三。詭譎不誠。聖人而肯爲是哉。使民家喻而戶曉者。聖人之本心。不能使之知之。但能使之由之者。聖人之不得已也。○西山眞氏曰。聖人之教。惟恐不能開明下民之心。如申韓斯鞅之徒。所以治其國者。專用愚黔首之術。不知民可欺以暫。不可欺以久。故卒以此亡。可不戒哉

○子曰。好勇疾貧。亂也。人而不仁。疾之已甚。亂也

好勇而不安分去聲則必作亂惡去聲不仁之人而使之無所容則必致亂二者之心善惡雖殊然其生亂則一也

程子曰人而不仁君子當敎養之不盡敎養而惟疾之甚必至於亂○慶源輔氏曰好勇者有果於作亂之資而又不安分是不知義也所謂有勇而無義爲亂此其亂在我惡不仁本善也惡之過當使其人無所容事窮勢迫彼將以不肖之心應之肆其不仁之毒以求免未有不激而生亂者此其亂在人而致亂亦在我也○雙峯饒氏曰好勇而不疾貧未必遽至於亂疾貧而不好勇亦不能爲亂不仁之人力能誅則誅之不能誅而疾之至於無所容身則致亂必矣大學之屛諸四夷是力能誅而誅之如舜之誅四凶是也何自而致亂乎

○子曰如有周公之才之美使驕且吝其餘不足觀也已

才美謂智能技藝之美驕矜夸吝鄙嗇音色也朱子曰誇人所無是驕挾己所有是吝○南軒張氏曰古聖人才藝之多莫如周公觀其自言多才多藝可見故借以明之○雲峯

胡氏曰本文如字使字皆假設之辭○程子曰此甚言驕吝之不可也蓋有周公之德則自無驕吝若但有周公之才而驕吝焉亦不足觀矣慶源輔氏曰德出於理才出於氣世固有優於德而短於才者然德極其盛則才亦無不足若但有其才而無其德則雖有智能技藝之美必不能居廣居立正位行大道為向上一著事○鄭氏曰不言周公之德而言才美蓋有德則必無驕吝有才美則驕吝容或有之又曰驕氣盈吝氣歉苦忝反愚謂驕吝雖有盈歉之殊然其勢常相因蓋驕者吝之枝葉吝者驕之本根故嘗驗之天下之人未有驕而不吝吝而不驕者也朱子曰聖人只是平說有周公之才美而驕吝連他才美壞了況無周公之才美而驕吝者乎甚言驕吝之不可也程子所云有德則自無驕吝與驕吝相因又是發餘意先說得正意分曉然後說此方得○問氣歉則不盈盈則不歉如何却云使驕且吝曰如曉此文義吝

惜不肯與人說。便是要去驕人。非驕無所用其吝。非吝
無以爲驕。驕者。吝之所發。吝者。驕之所藏。吝之所有。驕
之所恃也。驕而不吝。無以保其驕。吝而不驕。無所用其
吝。此盈於虛者所以歛於實。而歛於實者所以盈於虛
也。○吝爲主。蓋吝其在我。則謂我有你無。便是要驕
人。爲是要驕人。所以吝。○西山眞氏曰。程子謂驕氣盈。
吝氣歛。文公曰。驕者吝之枝葉。吝者驕之本根。未有驕
而不吝。未有吝而不驕。此一章更當熟思。盈與歛各是
一病。文公乃以爲二者相因而生。又謂驕生於吝。何也。
蓋吝者氣不足也。惟其無浩然之氣。所以鄙陋局促容
受不得。內而德善未有少進。便自以爲有餘。外而勢位
稍或高人。便有陵忽之意。俗諺所謂器小易盈。正此謂
也。惟其小而吝。是以易盈而驕。使其有江河之量。無不
容受。則雖德至於聖賢。而不以爲足。位至於王公。不以
爲可矜。前章所謂弘毅。弘則規模廣大。而不吝矣。不吝
則不驕矣。正當參玩也。○胡氏曰。驕張王。吝收縮。姑以
驕吝於財觀之。其所以閉藏。乃欲資以矜夸。其所以矜
夸。即閉藏者爲之地也。根本枝葉相爲貫通。集註特發
此義。以示人。欲人知其病根而藥之。驕之證發於外。吝
之病藏於內。發者易見。藏者難知。學者欲翦其枝葉。當

先拔其本根也

○子曰：三年學，不至於穀，不易得也。易，去聲。

穀，祿也。至，疑當作志。爲學之久，而不求祿，如此之人，不易得也。朱子曰：此處解不行，作志稍通耳。○慶源輔氏曰：後世之士，求祿之志，皆在爲學之先，不然則不學矣。○楊氏曰：雖子張之賢，猶以干祿爲問，況其下者乎？然則三年學而不至於穀，宜不易得也。

○子曰：篤信好學，守死善道。好，去聲。

篤，厚而力也。朱子曰：篤信是信得深厚牢固，守死只是以死守之。善道，猶工欲善其事之善，又如善吾生、善吾死之善，不壞了道也。不篤信，則不能好學；然篤信而不好學，則所信或非其正。不守死，則不能以善其道；然守死而不足以善其道則亦徒死而已。蓋守死者篤信之效。善道者好學之功。朱子曰。篤信乃能好學。亦有徒篤信而不能好學者。不好學以明理愈篤信而愈不正。不可回矣。故篤信又須是好學。守死乃能善道。不能守死。臨利害又變了。則不能善道。然亦有守死而不足以善其道者。如荊軻聶政之死。徒死而已。比干之死。方能善其道。若不善道。但知守死也無益。故守死又須是善道。然雖曰篤信。而未能至死不變。則其信亦不篤矣。故能守死方見篤信之效。雖曰好學而不能推以善道。則其學亦無用矣。故能善道。方見好學之功。能篤信好學。乃能守死善道。而篤信好學。又須要守死善道。數義錯綜其義始備。此四者之所以更相爲用。而不可有一闕焉者也。○鄭氏曰。許行陳相。非不篤信。曰好學則未也。召忽荀息非不守死。曰善道則非也。

危邦不入。亂邦不居。天下有道則見。無道則隱。見賢遍反

君子見危授命則仕危邦者無可去之義在外則不入

可也。亂邦未危而刑政紀綱紊音問矣。故潔其身而去之。朱子曰。未仕在外則不入。已仕在内見其紀綱亂。不能從吾之諫。則當去之。不早見幾而作。則亂必危亡。不可去矣。○齊氏曰。君子在危之外則不入。在亂之中則不居。非徒以遠害也。去就不審。以及於難。則其死也。亦死於愚而已。非死於義也。是故貧賤患難之中。君子貴於守死。而亦不徒死。守死將以善其道也。徒死豈得爲善

哉。天下舉一世而言。無道則隱其身而不見賢遍反也。此惟篤信好學守死善道者能之。朱子曰。有道不必待十分太平然後出。無道亦不必待十分大亂然後隱。有道如天將曉。雖未甚明。然自此只向明去。不可不出爲之用。無道如天將夜。雖未甚暗。然自此只向暗去。知其後來必不可支持。須見幾而作可也。○慶源輔氏曰。好學以善道。則見道明矣。篤信而守死。則信道篤矣。見道明。信道篤。必能審去就出處之宜。守常固必行其道。遇變亦必能守死以善其道也。○雙峯饒氏曰。危亂不入不居。尚有可入可居之邦。若天下無道。則無適而可。惟有隱而已

邦有道，貧且賤焉，恥也；邦無道，富且貴焉，恥也。

世治去聲而無可行之道，世亂而無能守之節，碌碌音祿庸人，不足以爲士矣，可恥之甚也。慶源輔氏曰：所貴於士者，爲其進而用則有可行之道，退而藏則有能守之節，故退不失己，進不失義。若咸無焉，則是碌碌庸人，而不足以爲有亡矣。冒士之名而無士之實，豈不可恥之甚哉？○洪氏曰：邦無道而富貴，固可恥；邦有道而貧賤，何足恥乎？蓋有道之邦，必用有道之士，無可用之道，所以爲恥也。○晁氏曰：有學有守，而去就之義潔，出處上聲之分去聲明，然後爲君子之全德也。雙峯饒氏曰：邦有道而貧賤，是無學也；邦無道而富貴，是無守也。○勿軒熊氏曰：學者先須辯得篤信守死底心，又做得好學善道底事，然後於出處去就見得明，守得定，用之有可行，舍之有可藏也。篤信是知之眞，守死是行之篤。○雲峯胡氏曰：首兩句雖四者相爲用，不可缺一，然集註曰：守死者，篤信之效；善道者，好學之功。則第一句最重，蓋有學貴乎有守。然必有學然後能有守。學問之涂者。雖以之處死生之變可也。而況於去就之義。出處之分哉。危邦而入。亂邦而居。雖死不足以爲善。有道無可見而貧賤。無道不能隱而富貴。雖生而深爲可恥。此皆無學力者之所爲也。故夫子曰信而好古。曰好古敏求。曰好學。其教人獨於此拳拳焉

○子曰。不在其位。不謀其政。

程子曰。不在其位。則不任其事也。若君大夫問而告者則有矣 新安陳氏曰。本文不過思不出其位之意。問而告乃推廣餘意也。○或問不在其位。不謀其政。朱子曰。此各有分限。田野之人。不得謀朝廷之政。身在此間。只得守此。○夫子之言無上下之異。但爲不在此位。則不謀此政耳。自下而推。如士不可侵大夫之職。以至於天子不可過於天道。乃爲備耳。然不止此。又當知前後彼此之間各有分守。皆不可以相踰。乃爲大備而盡得聖人之意。○雙源輔氏曰。不在其位而謀其政，不義而不可爲也。問而不以告。不仁而不可爲也。○雙峯饒氏曰。此章本意。只當自下而上。不在大夫之位。則不

謀大夫之政。不在公卿之位亦然。范氏、又自上而下。以爲天子不可治三公之職。三公不可爲、卿大夫之事。乃是推說蓋經筵告君之語也。若又從而旁推之。則左不可侵右。右不可侵左。雖同寮亦有分守。聖人之言無所不包。故可推而無適不通也

○子曰。師摯之始關雎之亂洋洋乎盈耳哉 摯音至雎七余反

師摯魯樂師名摯也。亂樂之卒章也。史記曰。關雎之亂以爲風始。洋洋美盛意。孔子自衛反魯。而正樂適師摯在官之初。故樂之美盛如此 程子曰。洋洋盈耳美也。孔子反魯樂正雅頌各得其所。其後自太師而下入河蹈海。由樂正。魯不用而放棄之也。○或問關雎之亂。何謂樂之卒章。朱子曰。自關關雎鳩至鍾鼓樂之。皆是亂。想其初必是已作樂。只無此詞。到此處便是亂。○楚辭註曰。亂者樂節之名。國語云以那爲首。其輯之亂曰。自古在昔。輯成也。凡篇章既成撮其大要以爲亂辭。樂記曰。既奏以文。又亂以武。古賦

亂曰皆卒章也○師古曰古賦末有亂亂理也總理一賦之終○南軒張氏曰聖人自衛反魯然後樂正雅頌各得其所師摯實傳其聲音者也○新安陳氏曰據國語則當以關雎之末章爲亂以夫子之聖而正樂以師摯之賢而任樂故一時音樂美盛如此自師摯適齊繼者皆不能及所以追思而歎美之論語言魯樂者四章語魯大師樂在先自衛反魯次之摯適齊又次之此章其最後歟

○子曰狂而不直侗而不愿悾悾而不信吾不知之矣侗音通悾音空

侗無知貌愿謹厚也悾悾無能貌吾不知之者甚絕之之辭亦不屑之教誨也○朱子曰狂是好高大便要做聖賢宜直侗是愚模樣不解一事底人宜謹愿悾悾是拙模樣無能爲底人宜信今皆不然夫子所以絕之○慶源輔氏曰狂者多率直無知者多謹厚無能者不解作爲今乃不然非常理也事出非常則非聖人之所知此雖是甚絕之之辭然天地無棄

物。聖人無棄人。故又知其爲不屑之教誨也。新安陳氏曰。狂侗悾悾者。氣稟之偏蔽。不直不愿不信者。氣習之不美。既拘於氣稟。而氣習又不美如此。真棄才矣。雖曰甚絕之之辭。使其知爲聖人所絕而改焉。則不屑之教誨是亦教誨之也。○蘇氏曰。天之生物。氣質不齊。其中材以下。有是德則有是病。有是病必有是德。故馬之蹄齧倪結反者必善走。新安陳氏曰。此有是病必有是德之譬也。其不善者必馴。新安陳氏曰。不善走者必馴熟。此有是德則有是病之譬也。有是病而無是德。則天下之棄才也。慶源輔氏曰。氣質不齊。中才以上。有德而無病。信矣。中才以下。有是德必有是病。有是病必有是德。猶可取也。若有是病而無是德。則下下之者。棄才也。以是三者品量天下之才。無餘蘊矣。○潛室陳氏曰。狂者只是說大話立大論底人。這是狂人。凡心下有事都說出在外。亦無遮蔽。但直行將去也好。今有狂人者。都恁地說大話立大論。至於到利處。但知有己。反以義責人。却不直。侗者凡事只是恁地謹愿。不敢妄動也好。而今侗者却不愿要妄動悾悾者無能爲底人都一向恁地朴厚也好而今無能爲底人也都會用許多詭詐狂侗悾悾這是得之於氣如此至於不直不愿不信都却習得如此有是病而無是德也是天下之棄人

○子曰學如不及猶恐失之

言人之爲學旣如有所不及矣而其心猶竦荀勇反然惟恐其或失之警學者當如是也朱子曰學如不及猶恐失之如今學者却恁地慢了譬如捉賊相似須是著氣力精神千方百計去趕捉他如此猶恐不獲今却只在此安坐熟視他不管他如何奈得他何○新安陳氏曰爲學之道當如湯之燠身若不及成王之夙夜不逮常如有所不及然此心尚恐其或失之苟自謂已至失之也必矣一說也又一說如追逐然旣如不及矣尚恐果不能及而竟失之又一說如撐上水船之追前船不可少緩旣如不及而不能前進又恐失之而反退流也學貴日新無中立之理不日進者必日退姑不及者如不能日進也猶恐失之者恐其反日退也○程子曰學如不

及猶恐失之不得放過才說姑待明日便不可也新安陳氏

曰即是莫謂今日不學有來日之意○朱子曰此君子所以孳孳焉愛日不倦而競尺寸之陰也○陳氏曰此章大意說為學用工如此之急程子不得放過又發明恐失之義才放過待明日便緩便失了

○子曰巍巍乎舜禹之有天下也而不與焉與去聲

巍巍高大之貌不與猶言不相關言其不以位為樂樂音洛也

朱子曰與天下不相關如不曾有這天下相似今人纔富貴便被他勾惹此是為物所役是自卑了若舜禹直是高所謂首出庶物故夫子稱其巍巍○問舜禹有天下而不與莫是物各付物順天之道否曰據本文說只是崇高富貴不入其心雖有天下而不與耳巍巍是至高底意思大凡人有得些小物事便覺累其心今富有天下一似不曾有相似豈不是高○新安陳氏曰舜禹不以天下動其心於不與上見其巍巍

○子曰大哉堯之為君也巍巍乎唯天為大唯堯則之蕩

蕩乎民無能名焉

唯猶獨也則猶準也蕩蕩廣遠之稱也言物之高大莫有過於天者而獨堯之德能與之準故其德之廣遠亦如天之不可以言語形容也朱子曰惟天爲大唯堯則之只是尊堯之詞不必謂堯獨能如此而他聖人不與也〇雙峯饒氏曰天之巍巍以形體言堯則之以德言則乃準則非法則也準如易與天地準之言與天地平等也天如此大堯德亦如此大與之平等若言法天特賢君之事耳

巍巍乎其有成功也煥乎其有文章

成功事業也新安陳氏曰上文巍巍言天之高此巍巍言堯功業之高煥光明之貌文章禮樂法度也堯之德不可名其可見者此爾新安陳氏曰此字指成功與文章而言堯德之與天同高大者不可得而名其功業文章猶可得而見功業文章之可見

者。皆其德之不可名者之所發見呈露也○尹氏曰。天道之大。無爲而成。唯

堯則之以治天下。新安陳氏曰。此似以爲法則之則。朱子想以末二句取之故民無

得而名焉。所可名者。其功業文章。巍然煥然而已雲峯胡氏

曰。天之德難名也。所可見者。其四時生成之功。日月星辰之文耳。聖人與天地一也

○舜有臣五人而天下治治去聲

五人。禹稷契。私列反皐陶。音遙伯益勿軒熊氏曰。按虞書命禹宅百揆。禹讓稷契皐

陶。禹治水。益稷爲有功。舜欲讓位於皐陶。禹欲讓位於

益。則功德之著可知矣○新安陳氏曰。虞廷之臣。五人其尤也

武王曰。予有亂臣十人

書泰誓之辭。馬氏曰。亂。治也。慶源輔氏曰。荀子云。治亂謂之亂。猶治汚謂之汚也。

則亂之訓治久矣十人。謂周公旦。召實照反公奭。施隻反太公望。畢公。榮公。太顛。閎夭。於沼反散上聲宜生。南宮适。其一人謂文母。新安陳氏曰。此馬融說文德之母。文王妃大姒也。雖詩曰。亦右文母。劉侍讀以爲子無臣母之義。蓋邑姜也。武王后。太公女。九人治外。邑姜治內。南軒張氏曰。邑姜。亦婦人之有聖德者或曰。亂本作乱。古治字也

孔子曰。才難。不其然乎。唐虞之際。於斯爲盛。有婦人焉。九人而已

稱孔子者。上係武王君臣之際。記者謹之。才難。蓋古語而孔子然之也。才者。德之用也。西山眞氏曰。聖賢言才有與德合言者。才子才難是也。有與德分言者。有才而驕吝。小有才而未聞大道是也。才子。以齊聖廣淵忠肅恭懿之德言。與此才難

即德也。然不曰德而曰才者，德專以本體言。才兼以著於用者言。才子才難之才，體用兼全者也。若與德分言，則所謂才者專指智能技藝耳。才本於德，雖才未備，不害爲君子。才不本於德，雖其才可喜，不免爲小人。唐、虞，堯舜有天下之號。厚齋馮氏曰：堯以唐侯升爲天子。虞，河東太行山西地。舜居之以爲氏。堯封之虞，爲諸侯。後升帝位，遂以爲號。際，交會之間。言周室人才之多，惟唐虞之際，乃盛於此。問：集註此句，恐將舜有臣五人一句閣了。朱子曰：寧將上一句存在這裏。若從元註說，則是亂臣十人，卻多於前，於今爲盛。卻是舜臣五人不得如後來之盛。○新安陳氏曰：舜即位初，九官多堯舊臣，可見唐虞交會間人才之盛。降自夏商，皆不能及。新安陳氏曰：集註補此八字，方解得去。此處必有缺誤。看三分有二一節，突起無頭。缺文可見。然猶但有此數人爾。是才之難得也。慶源輔氏曰：詳味夫子之言，使人有敬重愛惜人才之意。○新安陳氏曰：此言人才難得，自古而然。堯舜以聖聖繼作，而後禹皋之徒，聖賢之才出焉。文武亦以聖聖繼作，而後周召之徒聖賢之才出焉。此天地間真元會合之運。亘古而僅兩見者也。五人反以爲威者。即晉三卿爲注。可謂衆矣之意。況唐虞人才之尤者五人。豈五人之外無人乎

三分天下有其二。以服事殷。周之德其可謂至德也已矣

春秋傳曰。文王率商之畔國以事紂。蓋天下歸文王者六州。荆梁雍去聲豫徐揚也。惟青兖冀尚屬紂耳。勿軒熊氏曰。雍今陝西諸路。后稷公劉居豳。犬王遷岐。文王都豐。武王都鎬京。皆雍州境。詩有江沱漢廣。則荆梁州境。殷都朝歌衛地。則兖冀固在畿內。青在冀之東。屬紂可知。若徐揚則未有考。范氏曰。文王之德足以代商。天與之。人歸之。乃不取而服事焉。所以爲至德也。孔子因武王之言而及文王之德。且與泰伯皆以至德稱之。其指微矣。朱子曰。孔子稱至德只二人。皆可爲而不爲者也。○問三分天下有其二。

以服事商使文王更在十三四年將終事紂乎抑爲武王牧野之舉乎曰看文王亦不是安坐不做事底人如詩中言文王受命有此武功既伐于崇作邑于豐文王烝哉武功皆是文王做來詩載武王武功却少但卒其伐功耳觀文王一時氣勢如此度必不終竟休了○又曰文王之事紂惟知以臣事君而已都不見其他茲其所以爲至德也若謂三分天下紂尚有其一未忍輕去臣位以商之先王德澤未忘曆數未終紂惡未甚聖人若之何而取之則是文王之事紂非其本心蓋有不得已焉耳若是則安得謂之至德哉至於武王之伐紂觀政于商亦豈有取之之心而紂罔有悛心武王灼見天命人心之歸己也不得不順而應之故曰予弗順天厥罪惟均以此觀之足見武王之伐紂順乎天而應乎人無可疑矣○厚齋馮氏曰不曰文王之德而曰周之德以對殷而言也○新安陳氏曰泰伯不從翦商文王三分有二而事商其於名分之際嚴矣宜夫子皆以至德稱之范氏謂其指微矣微指得非專爲名分言歟以泰伯文王爲至德以武爲未盡善非微指歟　或曰

宜斷（音短）三分以下別以孔子曰起之而自爲一章

○子曰禹吾無閒然矣菲飲食而致孝乎鬼神惡衣服而致美乎黻冕卑宮室而盡力乎溝洫禹吾無閒然矣閒去聲菲音匪黻音弗洫呼域反

閒鏬虛訝反隙也謂指其鏬隙而非議之也菲薄也致孝鬼神謂享祀豐潔新安陳氏曰書云奉先思孝此云致孝必廟焉而人鬼享之鬼神衣服常服黻蔽膝也以韋為之朱子曰韋熟皮也祭服謂之黻朝服謂之鞸○厚齋馮氏曰黻其色皆赤尊卑以深淺為異天子純朱諸侯黃朱大夫赤冕冠也胡氏曰冕冠上板前低後高因俛以得名皆祭服也溝洫田閒水道以正疆界備旱潦音老者也或問溝洫之制朱子曰見於周禮遂人匠人之職詳矣蓋禹既平水患又治田閒之水使無水患之災所謂濬畎澮距川是也○胡氏曰匠人職云九夫為井井閒有溝十里為成成閒有洫洫深廣皆八尺溝半

之。夏制當不興也。既用以定經界。又旱則瀦水。潦則泄水也 或豐或儉各適其宜所以無罅隙之可議也。故再言以深美之○楊氏曰。薄於自奉而所勤者民之事。所致飾者宗廟朝廷之禮。所謂有天下而不與音預也。夫音扶何間然之有 胡氏曰。禹之自奉常薄。而宗廟朝廷之禮。百姓衣食之源。則未嘗不盡心。所以不容於非議也○雲峯胡氏曰。舜稱禹克儉於此見之。授禹以執中。亦於此見其能行之。集註以爲或豐或儉各適其宜。即各適其中也。若能儉而不能豐。則墨氏之儉。非中矣○新安陳氏曰。禹素履儉勤。不以位爲樂。有天下而不與之實也

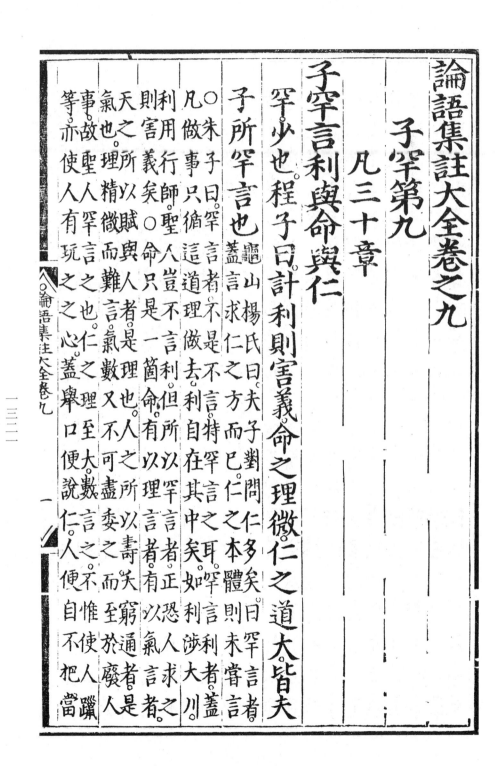

論語集註大全卷之九

子罕第九

凡三十章

子罕言利與命與仁

罕，少也。程子曰：計利則害義，命之理微，仁之道大，皆夫子所罕言也。龜山楊氏曰：夫子對問仁多矣，曰罕言者，蓋言求仁之方而已。仁之本體則未嘗言。○朱子曰：罕言者，不是不言，特罕言之耳。罕言利者，蓋凡做事只循這道理做去，利自在其中矣。如利涉大川、利用行師，聖人豈不言利。但所以罕言者，正恐人求之則害義矣。○命只是一箇命。有以理言者，有以氣言者。天之所以賦與人者，是理也。人之所以壽夭窮通者，是氣也。理精微而難言，氣數又不可盡委之而至於廢人事。故聖人罕言之也。仁之理至大，數言之，不惟使人躐等，亦使人有玩之之心。蓋舉口便說仁，人便自不把當事了○問竊謂夫子罕言者乃放於利而行之利若用出入乃義之所安處曰利用出入之利亦不可去尋利討物尋討著便是放於利之利如言利物足以和義只云利物不言自利又曰只元亨利貞之利亦不可計較只計較著即害義爲義之人只知有義而已不知利之爲利○勿軒熊氏曰易六十四卦皆言利尤詳於性命之原罕言者非與門人常言之道○慶源輔氏曰義者天理之公也利者人欲之私也天理人欲不兩立計於彼則害於此矣○命乃天之所賦予萬物者以理言之則聲臭俱無以氣言之則雜糅難辨是其理爲甚微仁乃五性之首所以包乎四德而無物不體是其道爲甚大理之微則人有所難識知未及而驟語之則反滋其惑且使之棄人事而不脩道之大則人有所難盡德未至而強語之則反起其妄且或使之忽庸行而不謹此夫子所以罕言○雙峯饒氏曰夫子有常言者詩書執禮是也有不言者怪力亂神是也有罕言者利命仁是也無非教人者故門人皆謹記之○新安陳氏曰集註言命之理微則此命字以理言罕言利者防學者趨乎此罕言命與仁以學者未易及此也既慮學者沒溺於利欲之甲汙又慮學者躐等於命與仁之精微弘大其爲慮

遠矣

○達巷黨人曰大哉孔子博學而無所成名

達巷黨名其人姓名不傳博學而無所成名蓋美其學之博而惜其不成一藝之名也節齋陳氏曰孟康註董仲舒傳達巷黨人乃項橐○雙峯饒氏曰黨人見聖人無所不知不能遂以此爲聖人之大不知聖人所大在於道全德備耳

子聞之謂門弟子曰吾何執執御乎執射乎吾執御矣

執專執也射御皆一藝而御爲人僕所執尤卑言欲使我何所執以成名乎然則吾將執御矣聞人譽平聲己承之以謙也○尹氏曰聖人道全而德備不可以偏長目之也達巷黨人見孔子之大意其所學者博而惜其不

以一善得名於世。蓋慕聖人而不知者也。故孔子曰。欲使我何所執而得爲名乎。然則吾將執御矣雙峯饒氏曰。六藝。禮樂爲大。夫子只說射御。射御。藝之卑者。御又最卑。○朱子曰。達巷黨人本不知孔子。但歎美其博學而惜其無所成名。謂不以一善得名也。此言至爲淺近。然自察邇言者觀之。則於此便見聖人道德純備。不可以一善名。愚夫愚婦可以與知。而其所以然者。聖人有所不知。故孔子不欲以黨人所稱者自居。而曰必欲使我有所執而成名。則吾將執御矣。○南軒張氏曰。達巷黨人大孔子之博學。而疑其不能以偏成也。夫豈知本末精粗一以貫之之道哉。故夫子但舉一藝自居。而又於藝之中復以居其次者。以見夫道之無乎不在。○厚齋馮氏曰。執射成名。王良造父是也。大凡專於一善。精於一業者。乃能成名。如信人。善人。惠人。則其善專故也。如稷之穡。羿之射。秋之弈。則其業精故也。學之博雖各極其專且精。不可得以一事名矣。無所成名。乃夫子之所以爲大。而黨人不悟也。堯之民無能名。此堯之所以爲大也。鄭○新安陳氏曰。惟道全德備。故不可以一善名。使可以一

善名。則所長止於此。不足以爲大矣。黨人惜聖人之大而不以一善得名。豈知聖人之所以爲大。正在於不可以一善名歟

○子曰麻冕禮也今也純儉吾從衆

麻冕緇莊持反布冠也。純絲也。儉謂省約。緇布冠以三十升布爲之。升八十縷。隴主反則其經二千四百縷矣。細密難成。不如用絲之省約。朱子曰。八十縷爲升。古尺一幅只闊二尺二寸。如深衣用十五升布。已似如今極細絹一般。這處又曉未得。古尺又短於今尺。若盡一千二百縷。須是一幅闊不止二尺二寸方得。○胡氏曰。麻。績麻爲布。冕冠上板也。謂之緇布冠者。染布爲赤黑色也。冠者首服之總名。冕者冠中之別號。禮朝服十五升。冠倍之。鄭註。八十縷爲升。升字當爲登。登成也。○雙峯饒氏曰。前漢書食貨志。周布幅廣二尺二寸。程子言。古尺當今五寸五分弱。如此則二尺二寸。只是今一尺二寸爾。却用二千四百縷爲經。是一寸

布用二百經也其細密難成可知

拜下禮也今拜乎上泰也雖違衆吾從下

臣與君行禮當拜於堂下君辭之乃升成拜泰驕慢也

慶源輔氏曰按燕禮君燕卿大夫禮也公坐取大夫所酳觶興以酢賓降西階下再拜稽首公命小臣辭賓升成拜鄭註升成拜復再拜稽首也又覲禮天子賜侯氏以車服侯氏拜賜禮亦如之○雙峯饒氏曰先巳拜於堂下而君辭之則是不曾受其拜故升堂再拜以成之孔子時君弱臣强徑自拜於堂上故孔子云然人以爲諂想是此類

○程子曰君子處上聲世事之無害於義者從俗可也害於義則不可從也范氏曰衆人之所爲君子酌焉或從或違唯其是而已以衆爲公義而舉從之非也以衆爲流俗而舉違之非也聖人之道若權衡輕重不可以銖兩欺故純儉雖不及禮而可從拜上則虧君臣之義雖舉世而行之亦不可從也○尹氏曰聖人處世可見於此蓋非有意於從違

合乎義而已。○慶源輔氏曰：君子之於世俗，或從或違，無適無莫，一於義而已。以是而違俗，則人亦不得以爲異也。○趙氏曰：制度節文之細，猶可以隨時，至於繫乎三綱五常者，萬世而不容易。○雙峯饒氏曰：此聖人處事之權衡，所謂君子以同而異。○新安陳氏曰：程子欲學者凡處世事，皆當以義裁之，以此爲例，而推其餘也。

○子絕四：毋意，毋必，毋固，毋我。

絕，無之盡者。毋，史記作無，是也。意，私意也。程子曰：意是發動處。意發而當，即是理也；發而不當，是私意也。問：聖人莫是任理而不任意否？曰：是。○胡氏曰：理本於天，意出於己。大學以誠意爲言，蓋好善惡惡一有不實，則所謂意者爲私意。意不可以孤行，必根於理而後可。此獨以意言，即私心之發也。必，期必也。固，執滯也。我，私己也。四者相爲終始，趙氏曰：四者分之，則各爲一事；合之，則相爲終始。起於意，遂於必，遂，謂將成而勢不容已。留於固，而成於我也。蓋意必常在事前，固我常在事後。胡氏曰：意必在方有作爲之先故曰事前我在己有作爲之後故曰事後固至於我又生意則物欲牽引循環不窮矣華陽范氏曰私意動於内而係於事則有必必則守而不移故有固固則不能忘己故有我是三者皆出於意故意爲之先○問意如何毋得朱子曰凡事順理則意自正毋意者主理而言不順理則只是自家私意○問意必固我曰意是初創如此有私意便到那必處必便到固滯不通處固便到有我之私處○凡人做事必先起意不問理之是非必期欲事成而已事既成是非得失已定又復執滯不化是之謂固三者只成就得一箇我及至我之根源愈大少間三者又從這裏生出意又生必必又生固固又歸宿於我○必者迎之於前固者滯之於後意是爲惡先鋒我是爲惡成就此四字如元亨利貞循環不已但元亨利貞是好事此是不好事貞是好底成就我是惡底成就○無意者渾然天理不任私意無必者隨事順理不先期必也無固者過而不留無所凝滯也無我者大同於物不私一身也四者始於意而行於必留於固而成於我必之時淺固之時長意是始我是終固必在中間一節重似一節也○黄氏曰即是而言其

別有四。以心而論。其本則一。天理流行。廓然大公。物各付物。泊然順應。此心如鑑空水止。而一毫之繫累無所容焉。此其所以自始至終而絕無四者之病也○新安陳氏曰。集註四者相爲終始。以下乃以常人之私欲細分之。有此四者相爲終始。又平分之作兩截。判以事前事後。又翻轉說終而復始。如元而亨利貞。貞下又起元。有三節意。皆說常人之累於私如此。非謂夫子之心無私。亦有此三件節數也。聖人之心惟純乎大公而渾然一無私耳。細察之則皆無常人此四者之累也○程子曰。此毋字非禁止之辭。聖人絕此四者。何用禁止。張子曰。四者有一焉。則與天地不相似。新安陳氏曰。天地大公而已。四者才有一。則累於私小。無復大公氣象。何由與天地相似○問橫渠說略有疑。朱子曰。人之爲事。亦有其初未必出於私意。而後來不能化去者。若謂絕私意則四者皆無。則曰子絕一便得。何用更言絕四。以此知四者又各是一病也○雲峯胡氏曰。心兮本虛。聖人絕此四者。亦不失其本虛之心而已。意似微雲點翳。我則昏霾之甚矣。大虛中本無一物。聖人此心渾是天理。亦無一物也。

楊氏曰。非知去聲足以知聖人。詳視而默識之。不足以記此

○子畏於匡

畏者有戒心之謂。新安陳氏曰。恐人誤以畏爲怵迫。懼死。故本孟子予有戒心訓之匡。地名。史記云。陽虎曾暴於匡。夫子貌似陽虎。故匡人圍之厚齋馮氏曰。匡。宋邑。陽虎曾暴於匡。夫子弟子顏尅時與虎俱。夫子適陳過匡。顏尅御。匡人識尅。夫子貌又似虎。匡人以兵圍之五日。弟子懼。故子曰如下所云

曰。文王既沒。文不在茲乎

道之顯者謂之文。蓋禮樂制度之謂。新安陳氏曰。道者。禮樂制度之本。禮樂制度者。道之寓。道無形體。顯設於文而後乃可見爾不曰道而曰文。亦謙辭也。

兹此也。孔子自謂

天之將喪斯文也，後死者不得與於斯文也。天之未喪斯文也，匡人其如予何。喪、與，皆去聲。

馬氏曰：文王既沒，故孔子自謂後死者。言天若欲喪此文，則必不使我得與於此文。今我既得與於此文，則是天未欲喪此文也。天既未欲喪此文，則匡人其奈我何。言必不能違天害己也。程子曰：於天之將喪斯文，下便言後死者不得與於斯文，則是文之與喪在孔子，與天爲一矣。蓋聖人德盛，與天爲一，出此等語，自不覺耳。○朱子曰：後死者是對上文文王言之，如曰未亡人之類，此孔子自謂也。與天生德於予意思一般。斯文既在孔子，孔子便做著天在。○南軒張氏曰：文也者，所以述是道而有傳也。文王既沒，聖人以斯文爲己任也。己之在與亡，斯文之喪與未喪係焉，是二者豈人之能爲哉。天也。不曰喪己而曰喪斯文。蓋己之身即斯文之所在也。○雙峯饒氏曰。天生聖人以任斯道。達則爲天地立心爲生民立命窮則繼往聖開來學。天意如此。人安能違天而害之。有夫子之德有夫子之道。而後可以如夫子之自任。否則妄也○雲峯胡氏曰文不在玆之文。即文王之所以爲文也。文王接堯舜禹湯之統。夫子接文王之統。皆天也。紂能囚文王。不能違天而害文王。匡人能圍夫子。不能違天而害夫子

○大宰問於子貢曰夫子聖者與何其多能也大音泰與平聲

孔氏曰。大宰。官名。或吳或宋。未可知也。與者。疑辭。大宰蓋以多能爲聖也杜氏曰。按春秋之時。以大宰名官者。惟吳宋與魯耳。吳有大宰嚭。宋有大宰華督事殤公。其後九世至平公。乃以向帶爲大宰。平公即位之歲。距孔子過宋歷一公八十餘年。其間或廢或否雖未可知。然左氏及史記亦不復載不可考也。況孔子過宋時遭桓司馬之厄。遂微服而去。豈復有問子貢者歟。疑此大宰。即吳嚭也。吳與魯會繒嚭召季康子。康子使子貢往焉。則此當是吳大宰。而亦當在此年也。

魯自公子翬請於隱公。欲殺桓以求大宰。其後不復見

子貢曰。固天縱之將聖。又多能也。

縱猶肆也。言不爲限量（去聲）也。將殆也。謙若不敢知之辭。

朱子曰。天放縱他作聖得恁地。不去限量他。問愚不肖是天限之乎。曰也是天限量他一般。如這道理。聖人知得盡。愚不肖要增進一分不得。拘定在這裏。殆庶幾也。如而今說將次

聖無不通。多能乃其餘事。故言又以兼之。

子聞之曰。大宰知我乎。吾少也賤。故多能鄙事。君子多乎哉。不多也。

言由少賤故多能。而所能者鄙事爾。朱子曰。鄙事。如釣弋獵較之類非以聖而無不通也。且多能非所以率人。故又言君子不

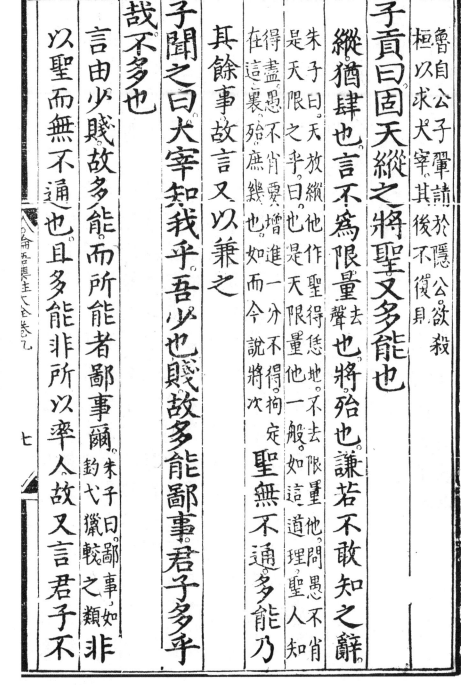

必多能以曉之朱子嘗問學者曰。大宰云。夫子聖者歟。何其多能也。是以多能爲聖也。子貢對以夫子固天縱之將聖。又多能也。是以多能爲聖人餘事也。子曰。吾少也賤。故多能鄙事。君子多乎哉。不多也。是以聖爲不在於多能也。三者之說不同。諸君且道誰說得聖人地位著。諸生多主夫子之言。曰。大宰以多能爲聖固不是。若要形容聖人地位。則子貢之言爲盡。蓋聖主於德。固不在多能。然聖人未有不多能者。夫子以多能不可以律人。故言君子不多。尚德而不尚藝之意。而其實聖人未嘗不多能也。○又曰。大宰知我乎以下。煞有曲折意思。聖人不直謂大宰不足以知我。只說大宰也知我。這便見聖人待人恁地溫厚。○南軒張氏曰。多能雖不害其爲君子。然爲君子不在乎多能。○慶源輔氏曰。若以多能率人。則人將徇末而忘本。尚才而不務德。卒無以入聖賢之域矣

牢曰。子云。吾不試。故藝

牢。孔子弟子。姓琴。字子開。一字子張。衛人。試。用也。言由不

爲世用故得以習於藝而通之○吳氏曰弟子記夫子此言之時子牢因言昔之所聞有如此者其意相近故幷記之（問吾不試故藝朱子曰想見聖人事事會但不見用所以人只見小小技藝若使其得用便做出大功業來不復有小小技藝之可見矣○新安陳氏曰多能亦聖德無不通之驗大宰認多能爲聖知其末不知其本也子貢謂聖而又多能知其由本而該末也孔子自言與琴牢所聞皆謙辭耳）

○子曰吾有知乎哉無知也有鄙夫問於我空空如也我叩其兩端而竭焉（叩音口）

孔子謙言己無知識但其告人雖於至愚不敢不盡耳叩發動也（趙氏曰叩乃叩擊有發動之意）兩端猶言兩頭言終始本末上下精粗無所不盡（朱子曰兩端就一事而言說這淺近道理那箇深遠道理也便在這

裏。吾有知乎哉。無知也。此聖人謙辭。凡聖人謙辭未有無因而發者。這上面必有說話。門人想記不全。須求這意始得。如達巷黨人稱譽孔子博學而無所成名。聖人乃曰吾執御矣。皆是因人譽己。聖人方承之以謙。此處想必是人稱道聖人無所不知。誨人不倦。有這般意思。聖人方道是我無知識。亦不是誨人不倦。但鄙夫來問。我則盡情向他說。若不如此。聖人何故自恁地謙。自今觀之。人無故說謙話。便似要人知模樣。○慶源輔氏曰。終始以事言。本末以物言。上下以道器言。精粗以事理言。必如是而後該括得盡。夫子之告人。必發動其兩端而盡告之。○新安陳氏曰。聖人雖謙言己無所知。然教人而竭盡其理如此。非上智周知之者不能也。○

程子曰。聖人之教人。俯就之若此。猶恐衆人以爲高遠而不親也。聖人之道。必降而自卑。不如此則人不親。賢人之言則引而自高。不如此則道不尊。觀於孔子孟子可見矣。朱子曰。聖人極其高大。人自難企及。若更不俯就。則人愈畏憚而不敢進。賢人有未熟處。人未甚信服。若不引而自高。則人將必以爲淺近不足爲。不是要人尊己。蓋使人知斯道之大。庶幾竦動著力去做。孔子嘗言如有用我者朞月而已可也。又言吾其爲東周乎。只作平常閑說。孟子言如欲平治天下。當今之世舍我其誰。便說得廣。尹氏曰。聖人之言。上下兼盡。即其是勢不得不如此

近。衆人皆可與音預知。極其至。則雖聖人亦無以加焉。是之謂兩端。如答樊遲之問仁智。兩端竭盡。無餘蘊委粉於問一矣。雙峯饒氏曰。如答樊遲問仁智。只是眼前事。子夏反推之。則舜湯之治。亦不過此。故於兩端爲竭焉

若夫扶音語上而遺下。語理而遺物。則豈聖人之言哉慶源輔氏曰。程子論佛氏之學。如管中窺天。只見上去。不見四旁。是語上而遺下也。又曰。言爲無不周徧。實則外於倫理。是語理而遺物也。○問執兩端與竭兩端如何。朱子曰。兩端也只一般。猶言頭尾也。執兩端。方識得一箇中。竭兩端。言徹頭徹尾。都盡也。問只此是一言而盡這道理如何。曰。有一言而盡者。有數言而盡者。如樊遲

問仁。曰愛人。問知。曰知人。此雖一言而盡。推而遠之。亦無不盡。如子路正名之論。直說到無所措手足。如子路問政。哀公問政。皆累言而盡。但只聖人之言上下本末。始終小大。無不兼舉。○雲峯胡氏曰。大舜是取人之言執其兩端而用其一。夫子是教人之言竭其兩端而未嘗遺其一也。

○子曰。鳳鳥不至。河不出圖。吾已矣夫。夫音扶

鳳靈鳥。舜時來儀。文王時鳴於岐山。河圖。河中龍馬負圖。伏羲時出。皆聖王之瑞也。已。止也。○張子曰。鳳至圖出。文明之祥。伏羲舜文之瑞不至。則夫子之文章知其已矣。○南軒張氏曰。鳳至圖出。蓋治世之徵也。聖人歎明王之不興。而道之終不行耳。○慶源輔氏曰。聖人之道行。則文章著見於外。禮樂制度之類也。故鳳至圖出以兆文明之祥。鳳以其文采。圖以其卦畫。文明之祥不至。則夫子之道不行。故知其文章已矣。○新安陳氏曰。吾道文明。必有其應。鳳至圖出。文明祥瑞之應也。夫

子有其德無其時。鳳不至。圖不出。天未欲聖道之行可知矣。夫子所以深歎也。麟出似矣而蹠焉。春秋所以作也。斯歎也。其在獲麟之前乎

○子見齊衰者冕衣裳者與瞽者見之雖少必作過之必趨齊音咨衰七雷反少去聲

齊衰喪服。邢氏曰。言齊衰則斬衰從可知也。冕冠也。衣上服。裳下服。冕而衣裳貴者之盛服也。禮玉藻曰。衣正色。裳間色。鄭曰。冕服玄上纁下。瞽無目者。作起也。趨疾行也。或曰。少當作坐。○范氏曰。聖人之心哀有喪。尊有爵。矜不成人。其作與趨。蓋有不期然而然者。尹氏曰。此聖人之誠心內外一者也。問作與趨者。敬之於齊衰與瞽者。朱子曰。作與趨固是敬。然敬心之所由發則不同。見冕衣裳者。敬心生焉而因用其敬。見齊

衰者謷者則哀矜之心動于中而自加敬也○慶源輔氏曰聖人之心寂感自然內外如一方其未感也如止水如明鏡一有所感則隨感而應敬愛之心感於內而作趨之容見於外皆自然而然不知其所以然也○雙峯饒氏曰范氏說外面作與趨皆由其裏面哀有喪尊有爵矜不成人而然尹氏又說他人裏面雖有此未必便見於外聖人裏面如此外面也如此二說互相發明蓋裏面不如此而外面如此者僞也裏面如此而外面不如此者誠不至也聖人至誠所以表裏皆如此

○顏淵喟然歎曰仰之彌高鑽之彌堅瞻之在前忽焉在後喟苦位反鑽祖官反

喟歎聲仰彌高不可及鑽彌堅不可入在前在後恍惚不可爲象新安陳氏曰象形也初未有的見時如此此顏淵深知夫子之道無窮盡彌高堅無方體在前後而歎之也程子曰仰之彌高見其高而未能至

也。鑽之彌堅。測其堅而未能達也。此顏子知聖人之道。而善形容者也。○朱子曰。高堅是說難學。前後是說望人之道捉摸不著。皆是譬喻如此。聖人只是一箇中底道理。高堅前後。只是箇中庸不可能。蓋聖人之道是箇恰好底道理。不著意。又失了。纔著意。又過了。只是難到恰好處○顏子仰之彌高。鑽之彌堅。瞻之在前。忽焉在後。不是別有箇物事。只是做來做去。只管不到聖人處。若做得緊。又大過了。若放慢做。又不及。聖人則動容周旋。都是這道理

夫子循循然善誘人。博我以文。約我以禮

循循。有次序貌。朱子曰。所謂次序者。非特以博文約禮分先後次序。博文約禮中各有次序。先後淺深誘。引進也。博文約禮。教之序也。言夫子道雖高妙。雙峯饒氏曰。高說彌高彌堅。妙說在前在後而教人有序也上蔡謝氏曰。顏子學得親切。仰之彌高。鑽之彌堅。無限量也。以見聖人之道大。瞻之在前。即不及。忽焉在後。又蹉卻。以見聖人之道中。觀此一

段即知顔子看得親切。博我以文，使知識廣；約我以禮，歸宿處也。○朱子曰：博我以文，約我以禮，聖門教人只此兩事，須是互相發明。約禮底工夫深，則博文底工夫愈明；博文底工夫至，則約禮底工夫愈密。○覺軒蔡氏曰：博文條目多，事事著去理會。禮却只是一箇道理，如視也是這禮，聽也是這禮，言也是這禮，動也是這禮。若博文而不約之以禮，便是無歸宿處。詳此數條解釋已極分明，學者合下便有著力處。若更推之，則文非特文章文華之文，凡剛柔之往來，上下之交錯，微而天理之節文，著而法度之煥然者，皆是也。極其博，則貫通融會，而天下之理洞然於吾心而無所蔽。禮非特儀禮典禮之禮，凡天理之本然，人心之固有，截然而有定則者，皆是也。極其約，則操持固執，而天下之理渾然於吾身而無所虧。博文近於致知，約禮近於力行。不博則無以造乎約，不約則無以盡乎博。○雙峯饒氏曰：先博我以文，以開廣我之知識，然後約我以禮，使我於視聽言動上皆由乎規矩準繩，而所守得其要。

○侯氏曰：博我以文，致知格物也；約我以禮，克己復禮也。朱子曰：博我以文，約我以禮，與博學於文，約之以禮一般，但博學於文約之以禮。孔子是泛言人能博文而又約禮可以弗畔夫道。而顏子則更深於此耳。侯氏謂博文是致知格物。約禮是克己復禮分曉。○慶源輔氏曰。致知格物。知之事也。克己復禮。行之事也。所行即是所知。非於知之外別有所謂行也。

程子曰。此顏子稱聖人最切當去聲處。聖人教人唯此二事而已。

朱子曰。博我以文。是要四方八面都見得周匝無遺。至約我以禮。又要收向身己上來。無一毫之不盡。兩事須互相發明。若博文而不約以禮。便無歸宿處。○覺軒蔡氏曰。不說窮理。又不說格物。只說博文。蓋文字上該乎理。而比之理則尤顯。下該乎物。而比之物則尤精。不說理只說禮。便是與復禮之禮同。此禮字便有檢束。便有規矩準繩。若只說理便泛了。更味兩箇我字。尤見以身體之切實用功處。○雙峯饒氏曰。博學於文。約之以禮。是我自去博約。以學言也。博我以文。約我以禮。是夫子博我約我。以教言也。○厚齋馮氏曰。博文約禮。夫子教人之法皆然。惟子淵求道之力。認道之真。有以見夫子之爲我設爾。

欲罷不能。既竭吾才。如有所立卓爾。雖欲從之。末由也已。

卓。立貌。末。無也。此顏子自言其學之所至也。蓋悅之深，欲罷不能而力之盡。既竭吾才所見益親。如有所立卓爾而又無所用其力也。欲從末由吳氏曰。所謂卓爾。亦在乎日用行事之間。非所謂窈（伊小反）冥昏默者。朱子曰。卓爾。是聖人之大本立於此。以酧酢萬變處。即前日高堅前後底。今看得確定親切。不似向來無捉摸處。不是離高堅前後之外。別有所謂卓爾者也。○勉齋黃氏曰。吳氏所釋卓爾之意。最爲切實。嘗以其意推之。夫聖人之道。固高明廣大不可幾及。然亦不過性情之間。動容之際。飲食起居交際應酧之務。君臣父子兄弟夫婦之常。出處去就辭受取舍。以至於政事施設之間。無非道之寓。○雙峯饒氏曰。窈窈冥冥。至道之精。昏昏默默。至道之極。列子之言也。此章學者易得求之高遠。故引吳氏之說以明之程子曰。到此地位。工夫尤難。直是峻絕。又大段著力不得。慶源輔氏曰。地位。指既竭吾才如有所立卓爾之地位也。至此地位。則其理爲至精至微。非淺智浮識之所能知。疾趨大步之所能至也。惟寬以居之，勿忘勿助長，則不日而化矣。夫能爲之謂才，竭其才則是盡其所能爲之才，則其工夫蓋非才所能及矣。此其所以著力不得也。楊氏曰：自可欲之謂善，充而至於大，力行之積也。大而化之，則非力行所及矣。新安陳氏曰：此將孟子善信美大聖神之次第，以配此章。大猶是力行積累之功，化則久久純熟自然無迹之妙。此顔子所以未達一間如字也。問：夫子教人不出博文約禮二事，門人莫不知。惟顔子有所進有所見，故高者有可攀之理，堅者有可入之理，在前在後者有可從而審其的之理，非若其他僅能弗畔而已。此門人所以不可企及也。朱子曰：得之。○顔子到這裏，自覺得要著力而無所容其力，緣聖人不勉而中，不思而得，賢者若要著力不勉不思，便是思勉了。所以大段著力不得，今日勉之，明日勉之，勉而至於不勉，今日思之，明日思之，思而至於不思，自生而至熟，到這裏直待他自熟。○仰高鑽堅瞻前忽後，此猶是見得未親切，在如有所立卓爾，方始親切，雖欲從之，末由也已，只是脚步未到，蓋不能得似聖人從容中道也○潛室陳氏曰前此猶可以用力到此則自大趨於化自思勉而至不思不勉介乎二者之境所未達者一間非人力所能爲矣但當據其所已然從容涵養勿忘勿助至於日深月熟則亦將忽不期而自到而非今日之所預知也○程子曰此顏子所以爲深知孔子而善學之者也胡氏曰無上事而喟然歎非如孔子因曾點而喟歎此顏子學既有得故述其先難之故後得之由新安陳氏曰先難指仰鑽瞻忽後得指如有所立卓爾由字指善誘博約而歸功於聖人也高堅前後語道體也○仰鑽瞻忽未領其要也惟夫子循循善誘先博我以文使我知古今達事變然後約我以禮使我尊所聞行所知如行者之赴家食者之求飽是以欲罷不能盡心盡力不少休廢然後見夫子所立之卓然雖欲從之末由

也已。是蓋不怠所從。必求至乎卓立之地也。抑斯歎也

其在請事斯語之後。三月不違之時乎

問程子言到此大段著力不得胡氏又曰不怠所從必欲至乎卓立之地何也朱子曰未由也已不是到此便休了不用力但工夫用得細不似初間用得許多粗氣力這處也只是循循養將去如何大段著力得只恁地養熟了因舉橫渠云大可爲也化不可爲也在熟之而已欲罷不能便只是就這博文約禮中做工夫合下做時便是下這十分工夫去做到得這數時便是欲罷不能之效衆人與此異者只是爭這箇欲罷不能做來做去不知不覺地又住了顏子則雖欲罷而自有所不能不是勉强如此顏子用功精專方見得夫子動容周旋無不中處皆是天理之流行卓然如此分曉到這裏顏子些小未能渾化如夫子故曰雖欲從之未由也已○高堅前後始時之所見也博文約禮中間用力之方也欲罷不能以後後來得力之效驗也○問顏子此說亦是立一箇則例與學者求道用力處故程子以爲學者須學顏子有可依據孟子才大難學者也曰然○南軒張氏曰仰之彌高愈進愈難攀

也鑽之彌堅愈鑽愈難入也瞻之在前則若不及忽焉在後則又過之蓋得其中者爲難也夫子則循循然善誘人從容不迫以其序而進之博文約禮使之集衆義於見聞之間宅至理於隱微之際使我自不能已盡吾之才以極其至則見夫所立卓爾蓋至此非力之所能爲此顔子所以喟然而歎歟反覆詳味則顔子學聖人始終之功孔子教人先後之序與夫聖人之道之至皆可得而研求矣○潛室陳氏曰雖欲從之末由也已到此際力無所施乃冰消雪釋查滓融化之境雖聖人不能授顔子顔子亦不能受之於聖人今欲學顔子且把博文約禮作依據日積月累人十已千將來不知覺自有豁然融會處○雙峯饒氏曰不怠所從是發明雖欲從之末由也已言不是恁地住了請事斯語是約我以禮時事三月不違仁是有所立卓爾時事○新安陳氏曰此章顔子初見聖道之無窮盡無方體非特不能從之亦未的於見之也及夫子博以文約以禮知行功深方見聖道之卓然有立的於見之與初之仰鑽瞻忽大不同矣但雖見其卓爾者猶未能進而從其卓爾者雖欲用力又無所容力也使天假之年則由勉而安由大而化不特見到聖人地步亦進到聖人地步矣

〇子疾病。子路使門人爲臣。

夫子時已去位。無家臣。子路欲以家臣治其喪。其意實尊聖人。而未知所以尊也。胡氏曰。此必夫子失司寇之後。未致其事之前也。若夢奠則子路死於衛久矣。大夫老而致仕後得從其列。無家臣者。無祿故也

病閒曰。久矣哉。由之行詐也。無臣而爲有臣。吾誰欺。欺天乎。閒如字

病閒。少差楚懈反下同也。病時不知。既差乃知其事。故言我之不當有家臣。人皆知之。不可欺也。而爲有臣。則是欺天而已。人而欺天。莫大之罪。引以自歸。其責子路深矣

朱子曰。久矣哉。不特指那一事。是指從來而言。子路一時不循道理。本心亦不知其爲詐。然子路平日強其所

不知以爲知。只有一毫不誠。便是詐也。○慶源輔氏曰。子路之意。以夫子之聖。其喪不可以俯同衆人。必當有以尊異之。而夫子嘗爲大夫有家臣矣。故欲爲家臣治其喪以尊異之也。然不知聖人之喪豈以家臣之有無爲輕重也哉。○既斥子路以行詐。而又自謂其欺天。蓋以見義理之不可犯也如此

且予與其死於臣之手也。無寧死於二三子之手乎。且予縱不得大葬。予死於道路乎

無寧。寧也。惟有無字乎字。故可訓無寧爲寧大葬。謂君臣禮葬。死於道路。謂棄而不葬。又曉之以不必然之故。○范氏曰。曾子將死。起而易簀音責曰吾得正而斃音弊焉斯已矣。子路欲尊夫子而不知無臣之不可爲有臣。是以陷於行詐。罪至欺天。君子之於言動雖微不可不謹。夫子深懲子路所

以警學者也。楊氏曰。非知至而意誠。則用智自私。不知
行其所無事。往往自陷於行詐欺天而莫之知也。其子
路之謂乎。
禮記檀弓篇。曾子寢疾病。樂正子春曾子弟
子坐於牀下。曾元曾申曾子二子坐於足。童
子隅坐而執燭。童子曰。華而睆。華板反。華畫也。睆。明貌
大夫之簀與。平聲子春曰。止。曾子聞之。瞿音句。驚貌。然
曰。呼。虛憊之聲曰。華而睆。大夫之簀與。曾子曰。然。斯季
孫之賜也。我未之能易也。元起易簀。曾元曰。夫子之病
革矣。革紀力反。急也不可以變。變。動幸而至於旦。請敬
易之。曾子曰。爾之愛我也不如彼。君子之愛人也以德。
細人之愛人也以姑息。吾何求哉。吾得正而斃焉斯已
矣。舉扶而易之。反席未安而沒。○勉齋黃氏曰。久矣哉。
責子路之素行如此也。欺天者。曉之以理之正。且予以
下則告之以利害之實。聖人之言。委曲詳盡如此。○汪
氏曰。禮記易簀章。一正字足以斷此章而責子路。故引
之。曾子易簀而死。為得其正。夫子苟死於家臣之手。不
正甚矣。彼執燭之童子。尚知大夫之簀不可不易。子路
乃不知無臣之不可為有臣乎。況夫子席不正且不坐。

割不正且不食。況臨死生之際乎。范氏引此見聖人心安於正。生死一而已矣。○新安陳氏曰。有家臣而用家臣。理也。無而用之。非理也。天者。理而已。非理則欺天矣。子路欲尊夫子。豈知陷於欺天。尊夫子者。反所以累夫子歟

○子貢曰。有美玉於斯。韞匵而藏諸。求善賈而沽諸。子曰。沽之哉。沽之哉。我待賈者也。韞紆粉反。匵徒木反。賈音嫁。

韞。藏也。匵。匱也。沽。賣也。子貢以孔子有道不仕。故設此二端以問也。孔子言固當賣之。但當待賈而不當求之耳。南軒張氏曰。子貢以美玉爲喻。疑夫子將終藏而不售也。若夫子之意。則以爲君子豈不欲施用於世乎。然其不輕售者。必待其可而後出耳。如子貢所謂求善賈則非矣。待賈者。循乎天理。而求善賈者。則已心先動矣。○慶源輔氏曰。沽之哉二句。見理則當沽而意則不求沽也。此亦子貢初年語。至答武叔子禽之問。必不尚

以夫子出處爲疑矣○范氏曰。君子未嘗不欲仕也。又惡去聲不由其道。士之待禮。猶玉之待賈也。若伊尹之耕於野。伯夷太公之居於海濱。世無成湯文王。則終焉而已。必不枉道以從人。衒音眩玉而求售音壽也。雲峯胡氏曰。子貢嘗答子禽曰。夫子之求之也其諸異乎人之求之與。蓋以子禽之問病在一求字也。今子貢之問。亦自病在一求字。豈問夫子者在先而答子禽者在後歟○新安陳氏曰。此章當味求字與待字。不待賈而求之。則併與本然之美失之矣。待賈者。安於命義之正。求賈者。涉於奔競之私。席珍待聘。其可也

○子欲居九夷

東方之夷有九種。上聲○後漢東夷傳。夷有九種。曰畎夷。于夷。方夷。黃夷。白夷。赤夷。玄夷。風夷。陽夷。○九種見書旅獒欲居之者亦乘桴浮海之意

或曰陋如之何子曰君子居之何陋之有

君子所居則化何陋之有問此及浮海莫是戲言否朱子曰只見道不行偶發此歎非戲言也○問九夷尚可化何故不化中國曰當時中國未嘗不被聖人之化但時君不用不得行其道耳○問子欲居九夷使聖人居之真有可變之理否曰然○南軒張氏曰欲居九夷與乘桴浮海之歎同或人未之諭則以爲真欲往也故疑其陋以爲不可居夫子之所以告之者乃行乎夷狄之道蓋忠信篤敬何入而不自得也○慶源輔氏曰聖人能必居夷之化而不能於中國必也使其道之行則天也○厚齋馮氏曰箕子封於朝鮮東夷之地也何陋之有雖然夫子去父母之國尚遲遲其行況舍中國而之夷狄乎是蓋有激而姑云爾非素志也○新安陳氏曰陋在彼不陋在我君子所過者化若居夷狄必將用夏變夷陋習自可化矣

○子曰吾自衛反魯然後樂正雅頌各得其所

魯哀公十一年冬孔子自衛反魯是時周禮在魯然詩

樂亦頗殘缺失次。孔子周流四方，參互考訂，以知其說。晚知道終不行，故歸而正之。朱子曰：是時王迹熄而詩亡，其存者謬亂失次，孔子自衛反魯，復得之他國以歸，定著爲三百五篇，於是雅頌各得其所。○南軒張氏曰：聖人未刪詩以前，篇章交錯，不以其序者亦多矣。故反魯之後，然後樂正，雅頌各得其所。獨舉雅頌，蓋其大者耳。○陳氏曰：不及風者，列國多不正之聲，廟朝所不奏。二南亦用之房中耳。故正樂只言雅頌。○胡氏曰：聖人雖生知，然於聲音節奏必考而後詳，必驗而後信。在齊聞韶，學之三月，亦其事也。○新安陳氏曰：晚知道不行於當時，故歸而正詩樂，以傳之來世。詩者，樂之章。詩得其所，而後樂得其正。聖人追言其效，故先樂而後詩耳。

○子曰：出則事公卿，入則事父兄，喪事不敢不勉，不爲酒困，何有於我哉？

說見形甸反第七篇。默而識之章亦言何有於我。然此則其事愈卑而意愈切矣新安陳氏曰彼三者以爲雖非聖人之極至猶不敢當謙而又謙之辭此則視前三者事愈卑而其謙謙之意愈切矣○朱子曰此說本卑非有甚高之行然工夫却愈精密道理却愈無窮故曰知崇禮卑○聖人自謙言不曾有此數者常有慊然不足之意衆人雖見他仁之至熟義之至精他只管自見得有欠缺處○南軒張氏曰此章視之若易能然行之無憾則未易也蓋於天理之當爲者求盡其道而於人情之易動者不踰其則雖聖人亦極乎是理而已夫子教人每指而示之近使人皆可勉焉○慶源輔氏曰此章所以警學者使自察於踐履之間不忽於卑近不違於微小之意益深切矣○雙峯饒氏曰事公卿父兄事生之禮喪事事死之禮常情多謹於事生而易忽於事死不特三年之喪如期功緦之輕者皆不可以不勉三件皆是大節目不爲酒困是至小底然亦甚難有時被人勸而稍多飲便能使人神昏氣亂常人往往忽視以爲小事聖人之心無時不存亦因可以勉人耳

○子在川上曰逝者如斯夫不舍晝夜夫音扶舍上聲

天地之化。往者過。來者續。無一息之停。乃道體之本然也。此五句所包甚闊然其可指而易去聲見者莫如川流。吳氏曰。逝者不指水。斯字方指水。○問逝訓往。集註謂往過來續。似多了來字。雙峯饒氏曰。不說來者。無以見往者之無窮。往是前面已去底。來是後來接續去底。二者皆往也。○新安陳氏曰。必有來者續。方見道體之無窮。使往過而來不續。則其機息而非生道矣故於此發以示人。欲學者時時省悉井反察。而無毫髮之間去聲斷徒玩反也。朱子曰。天理流行之際。如少有私欲以間之。便如水被些障塞。不得恁地滔滔流去。又曰。才不省察。便間斷。○慶源輔氏曰。天理流行。無處不然。無時或已。但隱於人心者。不若形於川流者易見。人能即此而有發焉。則當自強於體察。致力於謹獨。使之無一息之間斷。則庶幾乎不虧其本體矣。○新安陳氏曰。此又發言外意。欲學者於川流上察識道體之自然不息。而法之以自強不息也○程子曰。此道體也。天運而不已。日往則月來。

寒往則暑來水流而不息物生而不窮皆與道爲體運乎晝夜未嘗已也朱子曰此是形容道體伊川所謂與道爲體此一句最妙某嘗爲人作觀瀾詞其中有兩句云觀川流之不息兮悟有本之無窮道之本然之體不可見觀此則可見無體之體如陰陽五行爲太極之體○日往月來等未是道然無這道便無這箇了有這道方有這箇既有這箇就上面便可見得道是與道做箇骨子○若說天只如此高地只如此厚便也無說了須看其所以如此者如何○道本無體此四者非道之體也但因此可見道之體耳那無聲無臭底便是道只於無聲無臭上推究如何見得道因有四者方見得那無聲無臭底所以說與道爲體○道無形體却是這物事盛載那道出來所以指物以見道道之體便在這許多物事上只是水上較親切易見○胡氏曰夫子因所見之一物而言程子因夫子之說併舉三者而言夫道體可見因不專於水亦不專於四者大而造化之流行近而口鼻之呼吸莫不皆然○勉齋黃氏曰夫子所云蓋合道器兼體用而言○新安陳氏曰天之運日月寒暑之往來水之流萬物之生皆自然不息

者。程子雖水流於其中言之。水流蓋其一端耳。道無形體之可見。就此有形體之數端上發見出來。所謂與道爲形體也。

是以君子法之自強不息。

新安陳氏曰。易乾卦象傳曰。天行健。君子以自強不息。集註之意本此。是乃勉而行之者。

及其至也純亦不已焉。

朱子曰。大抵過去底物不息。猶天運流行不息如此。亦警學者要當如此不息。蓋聖人之心純亦不已。所以能見之。○問道無一息之停。其在天地則見於日往月來寒往暑來。水流而不息。物生而不窮。終萬古未嘗間斷。其在人則本然虛靈知覺之體常生不已。而日用萬事亦無非天理流行而無少息。故舉是道之全而言。合天地萬物人心萬事統是一無息之體。分而言則於穆不已者天之所以與道爲體也。生生不已者心之所以與道爲體也。純亦不已者聖人之心與天道爲一體也。自強不息者君子之所學聖人存心事天而體夫道也。曰此亦得之。但與道爲體四字甚精。蓋物生水流非道之體。乃與道爲體者也。○覺軒蔡氏曰。夫子川上之歎有感於道體之無窮。勉人進學以求造乎純亦不已耳。○新安陳氏曰。進於此則安而行之矣。

又曰。自漢以來儒

者皆不識此義。此見聖人之心。純亦不已也。純亦不已。乃天德也。有天德便可語王道。其要只在謹獨。朱子曰。有天德。則便是天理。便做得王道。無天德則便是私意。是計較。人多無天德。所以做王道不成。○人多於獨處間斷。才不慎獨。便去隱微處間斷了。○能慎獨則無間斷而其理不窮。若不慎獨。便有欲來參入裏面便間斷了。如何便會如川流底意。○慶源輔氏曰。人心即天德所寓。天地之道常久而不已也。則純亦不已。非天德而何。聖人之心。則全具得此天德者也。即是而推之。便是王道。人心天德王道。只是一理。愚按自此至終篇。皆勉人進學不已之辭。新安倪氏曰。楚辭辨證騷經。恐而不能舍也。洪氏註引顏師古曰。舍。止息也。屋舍次舍皆此義。論語不舍晝夜。謂曉夕不息耳。今人或音捨非是。按辨證文公著於慶元己未三月。明年庚申四月公易簀矣。集註舍上聲者舊音。讀如赦者定說也。

○子曰。吾未見好德如好色者也。好去聲

謝氏曰：好去聲好色，惡去聲惡臭，誠也。好德如好色，斯誠好德矣。然民鮮上聲能之。慶源輔氏曰：好色、惡臭與好德，皆出於性。然人之常情，於好色惡臭則誠實好之惡之。至於好德，則多虛偽不實，故謝氏有此說。而又言民鮮能之。大凡至誠而好，則內外表裏如一，而心志容色皆應，有不可掩者。○史記：孔子居衛，靈公與夫人南子同車，使孔子為次乘去聲。○第二乘，次其後。，招搖市過之。孔子醜之，故有是言。朱子曰：招搖，如翱翔。○新安陳氏曰：夫人不翟茀自蔽，公與同車，翱翔過市，無恥孰甚焉。孔子此言，因靈公好色而發也。

○子曰：「譬如為山，未成一簣，止，吾止也。譬如平地，雖覆一簣，進，吾往也。」簣，求位反。覆，芳服反。

簣，土籠也。韻書籠字平聲者，註一云舉土器，則此合平聲。書曰：「為山九仞，功虧一簣夫子之言蓋出於此言山成而但少一簣其止者吾自止耳平地而方覆一簣其進者吾自往耳蓋學者自强不息則積少成多中道而止則前功盡棄其止其往皆在我而不在人也南軒張氏曰學以成德爲貴也止者吾止也進者吾往也進止係乎己而由乎人哉○慶源輔氏曰其止者非有尼之者也乃吾自止耳其進者非有趣之者也乃吾自往耳反觀内省而自强不息而爲學之終始蓋不待外求而得之矣○新安陳氏曰其往乃自强其止乃自棄自强者不成不止自棄者止而必不成語有三四章純如詩六義之比此止言爲山而未嘗言爲學然爲學之義見於言外此外松柏驥力苗秀章是也

○子曰語之而不惰者其回也與語去聲與平聲

惰懈居隘反怠也范氏曰顔子聞夫子之言而心解力行

造七到反次顛沛未嘗違之如萬物得時雨之潤發榮滋長上聲何有於惰此羣弟子所不及也　朱子曰語之而不惰惟於行上見得顏子不惰如得一善則拳拳服膺而不失欲罷不能皆是其不惰處又曰顏子聽得夫子説話自然住不得若他人聽過了半疑半信若存若亡安得不惰　廖源輔氏曰心解謂知得透徹聞一知十是也力行謂行得至到既竭吾才是也　雙峯饒氏曰惟其心解所以力行夫子稱顏子所以厲群弟子也　新安陳氏曰顏子惟明睿故聞夫子之言而心解惟健決故聞夫子之言而自力行一知一行皆不懈也又以物得時雨比之此意自如時雨化之來孟子集註謂孔子之於顏曾是也惟顏子能化於時雨惟孔子能當其可化之時而化以時雨發榮滋長所謂則苗勃然興之者也

○子謂顏淵曰惜乎吾見其進也未見其止也

進止二字説見形甸反上章顏子既死而孔子惜之言其

方進而未已也○朱子曰顏子未到那成就結果處蓋他一箇規模許大若求到成就結果處必大段可觀○勉齋黃氏曰智愚賢不肖之分情與不情止與不止之間耳知逝者如斯之意則誠不容於止且情矣

○子曰苗而不秀者有矣夫秀而不實者有矣夫夫音扶

穀之始生曰苗吐華曰秀成穀曰實蓋學而不至於成有如此者是以君子貴自勉也朱子曰苗須是秀秀須是實方成不然何所用學不至實亦何所用此聖人勉人進學意也○南軒張氏曰養苗者不失其耘耔無逆其生理雨露之滋日夜之養有始有卒而後可以臻厥成或舍而弗耘或揠而助長以至於一暴十寒則苗而不秀秀而不實矣學何以異於是有質而不學苗而不秀者也學而不能有諸己秀而不實者也○新安陳氏曰此章或謂孔子惜顏子非也此以比始學而不發達發達而不成就者學者不可以方苗而秀自止當以既秀且實自勉也

○子曰後生可畏焉知來者之不如今也四十五十而無聞焉斯亦不足畏也已

孔子言後生年富力彊方來之年多日年富足以積學而有待其勢可畏安知其將來不如我之今日乎然或不能自勉至於老而無聞則不足畏矣言此以警人使及時勉學也曾子曰五十而不以善聞則不聞矣蓋述此意大戴禮脩身篇曾子曰年三十四十之間而無藝則無藝矣五十而不以善聞則不聞矣七十而未壞雖有後過亦可以免矣○問後生可畏是方進者也四十五十而無聞是中道而止者也朱子曰然○慶源輔氏曰年富則進學有餘日力彊則進學有餘功故足以積學而有待年少而德業進脩則未易量而可畏已老而實隂名銷則不足畏而可哀集註謂警人使及時勉學爲盡之矣 尹氏曰少去聲下同而不勉老而

無聞則亦已矣。自少而進者，安知其不至於極乎。是可畏也。南軒張氏曰：有至于四十五十而知好學者，如中庸所謂困而知勉而行，聖人猶有望焉。若後生雖有美質，而悠悠歲月，則夫所謂四十五十者，將轉盻而至，可不懼哉。○雙峯饒氏曰：曰可畏，期望以勉勵之；曰不足畏，絕望以警戒之。尹氏先釋後二句，却轉來釋前二句，見勉勵之意重，不成只說他不足畏了便休。

○子曰：法語之言，能無從乎？改之爲貴。巽與之言，能無說乎？繹之爲貴。說而不繹，從而不改，吾末如之何也已矣。

法語陸氏音魚據反，下同者，正言之也。巽言者，婉而導之也。繹，尋其緒也。新安陳氏曰：如絲有端緒，尋求其端緒而思慮紬繹之也。法言人所敬憚，故必從，然不改，則面從而已。巽言無所乖忤五故反，故必說音悅，下同，然不繹，則又不足以知其微意之所在也。朱子曰：如漢武帝見汲黯之直。深所敬憚。至帳中可其奏。可謂從矣。然武帝內多欲而外施仁義。豈非面從。如孟子論好色好貨。齊王豈不悅。若不知繹。則徒知古人所謂好色。不知其能使內無怨女。外無曠夫。徒知古人所謂好貨。不知其能使居者有積倉。行者有裹糧也。○楊氏曰。法言若孟子論行王政之類是也。巽言若其論好去聲貨好色之類是也。語之而不達拒之而不受。猶之可也。新安陳氏曰。謂全不從不說者。此等不足責其或喻焉則尚庶幾平聲其能改繹矣。從且說矣。而不改繹焉。則是終不改繹也已。新安陳氏曰。既曉諭則有能改繹之幾矣。而止於此。此等深可責雖聖人其如之何哉。朱子曰。巽謂巽順。與他說。都是教他做好事。重處在不改不繹。聖人謂如此等人。與他說得也不濟事。故曰吾末如之何也已。○南軒張氏曰。法言明義而正告之。巽言委曲而開導之也。自非肆於惡而無忌憚者。其聞之能無面從與說意乎。然聞善將以善其身也。苟惟暫說而不改其故。面從而不改其非。則亦何有於己哉。○慶源輔氏曰從法語說是言秉彝之性也從而不改者物欲堅强而不屈就於理說而不繹者志氣昏惰而不反求諸心爾學之不進德之不脩家之不齊國之不治皆由是基之若此之人雖聖人亦莫如之何也已

○子曰主忠信毋友不如己者過則勿憚改

重平聲出而逸其半新安陳氏曰弟子各記所聞有詳有略

○子曰三軍可奪帥也匹夫不可奪志也

侯氏曰三軍之勇在人匹夫之志在己故帥可奪而志不可奪如可奪則亦不足謂之志矣此借上句以明下句意○南軒張氏曰志者中有所主也三軍雖衆其帥可奪者資諸人故也匹夫雖微其志則不可奪者存諸己故也夫使志而可奪則不得謂之志矣雖然此所謂志謂守其道而不渝如虞人非其招不往之類是也若守認私意而不知徙義則是失其所主謂之任意則可耳非志也○勉齋黄氏曰共姜一婦人也而以死自誓其志之不可奪如

此。況志於仁。志於道。可得而奪乎。○慶源輔氏曰。以三軍之勇而衛一人。宜若不可奪也。然其可奪者。勇非在我也。以匹夫而守其志。宜若可奪也。然其不可奪者。志非在外也。○志與意不同。意是發動處。志是存主處。夫子所謂志士仁人。有殺身以成仁。無求生以害仁。其可得而奪乎。如可奪。則豈足以爲志哉。○洪氏曰。志氣之帥也。故以爲喻。○雙峯饒氏曰。三軍有千萬箇心。匹夫只是一心。若三軍離心。則帥便被人奪了。匹夫之志在我而已。故不可奪。此是教人立志。○新安陳氏曰。志公而意私。初守得定。故不可奪。此是志。後守不定。爲人所奪。便非志矣。志搖奪於私意。只可言意耳。李密云。勇奪毋志。非也。若其志。如共羑。可奪乎

○子曰。衣敝縕袍。與衣狐貉者立。而不恥者。其由也與。衣去聲。縕紆粉反。貉胡各反。與平聲

敝。壞也。縕。枲著也。枲想里反。著展呂反。袍。衣有著者也。蓋衣之賤者。○勿軒熊氏曰。縕枲著。出記玉藻。云。纊爲繭。縕爲袍。鄭云。衣有著之稱。纊。今之新綿。縕。今之纊及舊絮。疏。好

者爲綿。惡者爲絮。朱子云。袍謂夾衣有綿在胎底。趙氏曰。枲著則雜用枲麻以著袍也。如今麻苧筋類可置之夾褸中者○雲峯胡氏曰。禮韻貯字亦作著。通作褚作緒。以綿裝衣之謂狐貉。以狐貉之皮爲裘。衣之貴者。子路之志如此。則能不以貧富動其心而可以進於道矣。故夫子稱之。厚齋馮氏曰。與美衣服者並立而此心不動。其志足以帥氣而不可奪矣。烏得不與之。然特其立志之初也

不忮不求。何用不臧。忮之豉反

忮。害也。求。貪也。臧。善也。言能不忮不求。則何爲不善乎。此衛風雄雉之詩。孔子引之以美子路也。呂氏曰。貧與富交。彊者必忮。弱者必求。朱子曰。李閎祖云。忮是疾人之有。求是恥己之無。推明得呂氏說好。○問彊必忮。弱必求。曰。世人見富貴底。不是心裏妒嫉他。便羡慕他。○慶源輔氏曰。忮者嫉人之有

而欲害之也。求者。恥己之無而欲取之也。是皆爲外物之所累者也。能於外物一無所累焉。則何往而不善哉

子路終身誦之。子曰。是道也。何足以臧

終身誦之。則自喜其能而不復扶又反下同求進於道矣。問子路終身誦之。此子路所以不及顏淵處。蓋此便是願車馬衣輕裘。與朋友共。敝之而無憾底意思。然他將來自誦。便是無那無伐善施勞底意思。朱子曰。所謂終身誦之。亦不是無他矜伐。只是將這箇做好底事。終身誦之要常如此。便別無長進矣。○問人惟中無所養。而後飢渴得以害其心也。故不能自安於貧而有慕乎彼之富。此心一動。物欲行焉。故雖可已而不已。孟子所謂宮室之美。妻妾之奉。所識窮乏者得我而爲之類。蓋有不可勝窮之私。由是以失其本心。而忌嫉忮害生焉。否則諂曲以求之。而不自知其爲卑汙淺陋之甚也。子路之志不牽乎外物之誘。夫子稱之。欲以進其德。惜乎不能充此而上之。至有終身誦之之蔽。不然。簞瓢陋巷之樂。當與顏子同之。日用工夫。信乎不可遽已也。曰。然。○新安陳氏曰。子路能如此。本可進於道。今誦所引詩而自喜其

能則不復求進於道矣。夫子所以一揚之一抑之也。故夫子復言此以警之。新安陳氏曰：是道，謂不忮不求之事。何足以臧，承何用不臧之語而反之。○謝氏曰：恥惡衣惡食，學者之大病。善心不存，蓋由於此。子路之志如此，其過人遠矣。然以衆人而能此，則可以爲善矣。子路之賢，宜不止此。而終身誦之，則非所以進於日新也。故激而進之。慶源輔氏曰：義理無窮，此特一事之善，若遽自以爲喜，則不復求進於道。蓋喜心生於自足，而怠心生於自喜，故夫子又言此以警之。○潛室陳氏曰：子路好勇，必無忮求，自足於此而道之，故孔子因其無日新之功而進焉。又曰：子路於世間名利關大界限分明處已見得破，但其工夫粗疎，未入聖賢閫室，所以聖人常欲抑其所已能，進其所未能。

○子曰：歲寒，然後知松柏之後彫也。彫字當作凋范氏曰。小人之在治去聲世。或與君子無異。惟臨利害遇事變。然後君子之所守可見也。南軒張氏曰。力量之淺深。平時未易見也。惟當利害艱難之際。則可見其所守者矣。人徒見其臨事之能處也。而不知其所守之有素也。松柏之質堅剛矣。獨於歲寒之時。而後人知其後凋耳。○慶源輔氏曰。小人之在世。或被化而彊於爲善。或畏威而覬其免罪。故其迹或與君子無異也。臨利害遇事變。則彊於爲善者。或汨於欲而忘其勉彊之心。則惟利之趨。覬於免罪者。或乘其變而以爲罪之未必及己。則放辟邪侈。故其真情發露而不可揜。惟成德之君子。則素其位而行。雖造次顛沛而未嘗違也。故其所守。然後可見。○物之受於天者獨正。故不凋於歲寒。人之得於天者必周。故能不變於邪世。○胡氏曰。小人在治世。或與君子無異者。猶春夏之交。萬物青葱。雖有堅脆之不齊。然未可辨也。及事變之來。小人則隨時變遷。君子則所守不易。非死生禍福可得而移。亦猶重陰沍寒。生意憔悴。而松柏獨蒼然不變。○厚齋馮氏曰。歲寒。今之建丑月也。木葉無不凋。而是時松柏獨不凋。則知後於衆木之凋也。○新安陳氏曰。松柏在春夏。無異衆木。必經歲寒。方見其後衆木而凋零。以比君子在平時無異衆人。必經事變。方見其異衆人而特立。後凋雖待歲寒而後可見。松柏之有心則貫四時而有常。托物以比君子。其意深矣。此章如詩六義之比。○謝氏曰。士窮見節義。世亂識忠臣。欲學者必周于德。新安陳氏曰。士窮乃見節義。韓退之語。疾風知勁草。板蕩識誠臣。唐太宗語。孟子曰。周于德者邪世不能亂。○雙峯饒氏曰。松柏至春後方易葉。故曰後凋。必有松柏之操。然後能不爲歲寒所變。以比必有君子之德。然後能不爲利害事變所移。臨利害遇事變是兩件。士窮見節義。以利害言。世亂識忠臣。以事變言。

○子曰。知者不惑。仁者不憂。勇者不懼。

明足以燭理。故不惑。理足以勝私。故不憂。程子曰。仁者不憂。樂天者也。○朱子曰。仁者天下之公。私欲不萌而天下之公在我。何憂之有。○胡氏曰。公理不能勝私欲。則憂患多端。仁者至公無私。與理爲一。理所當然。則貧賤夷狄氣足患難皆素其位而行。無往而不自得。所以不憂也。

以配道義故不懼。朱子曰。孟子說配義與道。無是餒也。今有見得道理分曉而反懾怯者。氣不足也。○慶源輔氏曰。勇而謂氣足以配道義者。配則合而有助之意。如陰配陽也。有義理之勇。有血氣之勇。氣本麄厲。惟配乎道義。則爲道義之助而可以言勇。所謂不懼者非悍然不顧也。主乎義理而言。故以配乎道義明之此學之序也朱子曰。成德以仁爲先。進學以知爲先。此誠而明。明而誠也。中庸三者之序亦爲學者言。問何以勇皆序在後。曰。末後做工夫不退轉。此方是勇。○問知者不惑。明理便能無私否。曰。也有人明理而不能去私欲者。然去私欲必先明理。無私欲則不屈於物。故勇。惟聖人自誠而明。可以先言仁。後言知。至於教人。當以知爲先。○有仁知而後有勇。然而仁知又少勇不得。雖曰仁能守之。只有這勇方能守得到頭。方能接得去。若無這勇。則雖有仁知。少間亦恐會放倒了。所以中庸說仁知勇三者。勇本是箇没緊要底物事。然仁知不是勇。則做不到頭。半塗而廢。○問人之所以憂惑懼者。只是窮理不盡。故如此。若窮盡天下之理。則何憂何懼之有。因其無所憂。故名之曰仁。因其無所惑。故名之曰知。因其無所懼。故名之曰勇。不知二說孰

是。曰。仁者隨所寓而安。自是不憂。知者所見明。自是不惑。勇者所守定。自是不懼。夫不憂不惑不懼。自有次第

○問知之明。非仁以守之則不可。仁以守之。非勇而行之亦不可。三者不可闕一。而知爲先。曰。此說甚善。正吾人所當自力也。○慶源輔氏曰。仁者知之體統。故論德則以仁爲先。知者仁之根柢。故論學則以知爲首。勇則仁知之發也。未能仁知而勇。則血氣之爲耳。蓋學之序。不惑而後不憂。不憂而後不懼。德之序。不憂則自然不惑。不惑則自然不懼

○子曰。可與共學。未可與適道。可與適道。未可與立。可與立。未可與權

可與者。言其可與共爲此事也。程子曰。可與共學。知所以求之也。可與適道。知所往也。可與立者。篤志固執而不變也。權稱去聲下同錘直追反也。所以稱物而知輕重者也。

可與權。謂能權輕重使合義也。程子曰。權。與權衡之權同。人無權衡。則不能知輕重。聖人則不以權衡而知輕重矣。聖人則是權衡也。○有求爲聖人之志。然後可與共學。而善思。然後可與適道。思而有所得。則可與立。立而化之。則可與權。○朱子曰。可與共學。有志於此。可與適道。已看見路脈。可與立。能有所立。可與權。遭事變而知其宜。此只是大綱。如此說。○問權便是義否。曰權是用那義底。問中便是時措之宜否。曰以義權之而後得中。義似秤。權是將這秤去稱量。中是物得其平處。○義字包得經與權。經自是義。權亦是義。義當守經則守經。義當用權則用權。經是萬世常道。權是不得已而用之。須是合義。如湯武放伐。伊尹放太甲。此是權。若時時用之。成甚世界。○可與共學底。未必便可與適道。然共學須敎可與適道。以下皆然。○慶源輔氏曰。權與物鈞而生衡。而銖兩斤鈞。皆著於衡。物加於衡之首。而權移於衡之尾。所以能知其輕重也。○新安陳氏曰。權字之得名以此。此推原器物以論理也。

○楊氏曰。知爲去聲己則可與共學矣。學足以明善。然後可與適道。信道篤。然後可與立。知時措之宜。然後可與權。朱子曰。可與立未可與權。亦是甚不得已。方說此話。然須是聖人方可與權。若以顏子之賢。恐也不敢議此。磨而不磷。涅而不緇。而今人才磨便磷。才涅便緇。如何更說權變。所謂未學行先學走也。○權處是道理上面更有一重道理。如君子小人。君子固當用。小人固當去。然方當小人進用時。猝乍要用君子也未得。當其深根固蔕時。便要去他。適爲所害。這裏斟酌時宜。便知箇緩急淺深始得。○雲峯胡氏曰。程子是專就權上說義。朱子只分經與權說義。洪氏曰。易九卦終於巽以行權。易繫辭。履以和行。謙以制禮。復以自知。恒以一德。損以遠害。益以興利。困以寡怨。井以辨義。巽以行權。○潛室陳氏曰。舉易一語見權者聖人之終事。易三陳九卦。凡二十七節。道理最微。末一語方以權終之。見得不可驟語。○新安陳氏曰。九卦。謂履謙復恒損益困井巽是也。詳見易繫辭下傳。權者聖人之大用。未能立而言權。猶人未能立而欲行。鮮上聲不仆音赴矣。雲峯胡氏曰。洪氏之說。上文有曰。可與共學。七十子是也。可與適道。游夏之徒

是也。可與立。顏閔之徒是也。權即孔子是也。然則權者聖人之大用。非如文王孔子而用權。鮮有不差者矣

程子曰。漢儒以反經合道爲權。故有權變權術之論。皆非也。權只是經也。自漢以下無人識權字。公羊傳桓公十一年九月。宋人執祭仲。何賢乎祭仲。以爲知權也。權者何。權者反於經然後有善者也○韓康伯註繫辭云。權反經而合道。必合乎巽順而後可以行權也○程子曰。反經合道爲權。公羊唱之。何休和之。何休註公羊傳其實未嘗反經。古人多錯用權字。才說權。便是變詐。不知權只是經所不及者。權量輕重。使之合義。才合義。便是權也。愚按先儒誤以此章連下文偏其反而爲一章。故有反經合道之說。程子非之是矣。然以孟子嫂溺援平聲之以手之義推之。則權與經亦當有辨朱子曰。經與權之分。諸人說皆不合。若說權自權。經自經。不相干涉。固不可。若說事須用權。經須權而行。權只是經。則權與經又全無分別。觀孔子曰。可與立

未可與權孟子曰嫂溺援之以手則權與經須有異處雖有異而權實不離乎經也這裏所爭只毫釐伊川說權只是經恐也未盡嘗記龜山云權者經之所不及這說却好蓋經者只是存得箇大經大法正當底道理而已若精微曲折處固非經之所能盡也所謂權者於精微曲折處曲盡其宜以濟經之所不及耳所以說中之爲貴者權權者即是經之要妙處也如漢儒說反經合道此語亦未甚病蓋事也有那反經底時節只是不可說事事要反經又不可說全不反經如君令臣從父慈子孝此經也若君臣父子皆如此固好然事有必不得已處經所行不得處也只得反經依舊不離乎經耳所以貴乎權也孔子曰可與立未可與權立便是經可與立則能守箇經有所執立矣却說未可與權以此觀之權乃經之要妙微密處非見道理之精密透徹純熟者不足以與權也○立是見得那正當道理分明了不爲事物所遷惑可與立者能處置得常事可與權者能處置得變事天下之事有常有變而處事之方有經有權當事之常而守其經雖聖賢不外乎此而衆人亦可能至於遭事之變而處以權則惟大賢能不失其正可與立未可與權蓋言其難如此○經有不可行處而至於

用權。此權所以合經也。○君臣父子，定位不易，事之常也。君令臣行，父傳子繼，道之經也。事有不幸而至於不得盡如其常，則謂之變，而所以處之之術，不得全出於經矣。是則所謂權也。夷齊季札之徒，所以輕千乘之國，以求即乎其心之所安，寧隕其身亡其國而不敢失其區區之節者，亦爲此也。又曰：經是已定之權，權是未定之經。○權是時中，不中則無以爲權矣。○漢儒反經之說，只緣將下文誤作一章解，故其說相承曼衍，且看集義中諸說，莫不連下文。唯范氏蘇氏不如此說，程子說漢儒之誤固如此，要之反經合道一句，不思之亦通，緣權字與經字對說，纔是權便是變，却那箇經，雖謂之反經可也。然雖是反那經，却不悖於道，雖與經不同，而道一也。○經者道之常，權者道之變，道則是箇體統貫乎經與權。○漢儒說權是離了箇經說，伊川說權便道權只在經裏面。且如周公誅管蔡與唐太宗殺建成元吉，其推刃於同氣雖同，而所以殺之則異。蓋管蔡與商遺民謀危王室，此是得罪於天下，得罪於宗廟，不得不誅之。若太宗分明是爭天下，故周公可謂之權，太宗不可謂之權。伊川見漢儒言反經是權，恐無忌憚者得借權以自便，因有此論。○伊川將經做箇大底物事，經包得權權。此說本好。只是據聖人說可與立未可與權。須還他是兩箇字。經自是經。權自是權。若如伊川說。便廢了權字始得。權只是經之變。這便是反經。今須曉得孔子說又曉得伊川之說。方得。○權與經固是兩義。然論權而全離乎經。則不是。蓋權是不常用底物事。如人之熱病者當用涼藥。冷病者當用熱藥。此是常理。然有時有熱病卻用熱藥發他熱病者。有冷病卻用冷藥發他冷病者。此皆是不可常用者。然須下得是方可。若有豪氂之差。便至於殺人。若用得是。便是少他不得。便是合用這箇物事。既是合用。茲權也。茲所以為經也。○勉齋黃氏曰。常者一定之理。變者隨時之宜。遇事之常。但當守一定之理。遇事之變。則不得不移易以適時之宜。此經權不可無變之說然也。然天下之理。惟其當然而已。當經而經。當然也。當權而權。亦當然也。權雖異於經。而以其當然。則亦只是經。此程子權只是經之說然也。有有辨之說。則經權之說始明。有程子之說。則經權之義始正。○問。權經二字如何分別。潛室陳氏曰。經猶秤衡。銖兩斤鈞。一成畫定。權即秤錘。隨物低昂以求合於銖兩斤鈞。○陳氏曰。經所不及。須用權以通之。然非理明義精便差卻到用權處。亦看不出。權雖經之所不及。實與經不相悖。柳宗元謂權者所以達經者也。蓋經到那裏行不去，非用權不可濟。如君臣定位，經也。桀紂暴横，天下視爲獨夫。此時君臣之義已窮，故湯武征伐，以通之，所以行權。男女授受不親，此經也。嫂溺不援，便是豺狼，故援之者，所以通乎經也。用權須是地位高方可，但非可以常行。如太宗殺建成，是不當用權而用權。王魏不死於建成而事太宗，是合守經而不守經。魏晋以下皆於國統未絶而欺人孤寡，託爲受禪，是當守經而不守經，不當用權而用權者也。又如季札終於固遜而不肯立，卒自亂其宗國，是於守經中見義不精者也。張柬之等反正中宗，誅諸武而留一武三思，卒自罹慘禍，是於用權中見義不精者也。○雲峯胡氏曰：程子矯漢儒之弊，而謂權只是經。朱子謂經與權當有辨，無程子之說，則權變權術之說可行於世矣。無朱子之說，則經權之辨不復明於世矣。此其說不得不異也。先儒謂朱子每於程子之說，足其所未盡，補其所未圓，實有功於程子。愚於此亦云。

○唐棣之華，偏其反而。豈不爾思？室是遠而。棣，大計反。

唐棣，郁李也。朱子曰：此唐棣自是一篇詩，與今常棣詩別。論語及召南作唐棣，爾雅作棠棣，無作常者。而小雅常字亦無唐音。爾雅又云：唐棣，棣；常棣，移。則唐棣、常棣自是兩物，而夫子所引非小雅之常棣矣。偏，晉書作翩。或問偏之爲翩。朱子曰：非獨晉史爲然。角弓之詩固有翩其反矣之句矣。然則反亦當與翩同。言華與花通之搖動也。而，助語也。此逸詩也。於六義屬興。去聲上兩句無意義，但以起下兩句之辭耳。其所謂爾，亦不知其何所指也。讀反爲翻，則遠字亦叶於圓反。○汪氏曰：韻書移下註云：其華反向後合。詩云翩其反而。據此讀如字亦可，尤與遠叶。

子曰：未之思也，夫何遠之有？夫音扶

夫子借其言而反之，蓋前篇仁遠乎哉之意。○程子曰：聖人未嘗言易去聲以驕人之志。以爲易，則忽心生而驕。亦未嘗言難以阻人之進。以爲難則畏心生而阻但曰未之思也。夫何遠之有。此言極有涵蓄意思去聲深遠。慶源輔氏曰。是理之在人。以爲易知乎。則精深微妙。未易可知也。以爲難知乎。則其在人之理本自不隱也。若言其易。則驕人之志。而不肯下堅苦之功。若言其難。則阻人之進。而遂生疑畏之意。但曰未之思也。夫何遠之有。則只是平鋪地道著。無一毫助長益生之意。所以極有含蓄意思深遠。極有涵蓄者。說道體之微顯進學者之工夫。皆寓其中。意思深遠者。令人涵泳之。但覺意味淵永。無有窮盡也。非聖人之言。疇克爾哉。○新安陳氏曰。逸詩所謂爾思。以思其人言。夫子所謂未之思。以思此理言。理之所在。思則得之。何遠之有。不思則不得。始見其遠耳。何以知爾思之爲思其人。以室字知之。但不知所謂爾者指何人耳。然辭意婉而平和。無褻狎態。東坡以爲思賢之詩。亦或然也

論語集註大全卷之九

論語集註大全卷之十

鄉黨第十

楊氏曰。聖人之所謂道者。不離去聲乎日用之間也。故夫子之平日一動一靜。門人皆審視而詳記之。尹氏曰。甚矣孔門諸子之嗜學也。於聖人之容色言動。無不謹書而備錄之。以貽後世。今讀其書。即其事。宛然如聖人之在目也。雖然。聖人豈拘拘而爲之者哉。蓋盛德之至。動容周旋自中去聲乎禮耳。學者欲潛心於聖人。宜於此求焉。程子曰。鄉黨分明畫出一箇聖人。○朱子曰。鄉黨一篇。自天命之性。至道不可須臾離。皆在裏面。許多道理。皆自聖人身上迸出來。惟聖人做得甚分曉。故門人見之熟。是以記之詳○鄕黨說聖人容色處是以有事時觀聖人說燕居申申夭夭處是以無事時觀聖人學者須知聖人無時無處而不然○南軒張氏曰此篇於夫子言語容貌衣服飲食之際察之精矣聖人之道如是其高深也茫然測度懼夫泛而無進德之地故即其著見之實而盡心焉存而味之則而象之於此有得則内外並進體用不離而其高深者可馴到矣○慶源輔氏曰聖人之道無精粗無本末大至於平天下治國家立經陳紀制禮作樂小至於容貌辭色一動一靜皆自此廣大心中流出但愈細則愈密愈近則愈實故鄕黨一篇記聖人之容貌辭色如是之詳且悉者正所以示聖學之正傳以垂教於後世也○問鄕黨一書盡言孔子中間又言君子朱子謂君子即孔子何不便說孔子潛室陳氏曰即孔子做底使是衆人合依底故間稱君子聖人以身爲教故記者以教法書之○雲峯胡氏曰鄕黨形容夫子之一動一靜可得而直遂其辭者曰必曰不不可得而直遂其辭者曰如曰似其皆隨時變易而無非道之所在者歟舊說凡一章今分爲十七節

孔子於鄉黨恂恂如也似不能言者恂相倫反

恂恂信實之貌似不能言者謙卑遜順不以賢知去聲先人也鄉黨父兄宗族之所在故孔子居之其容貌辭氣如此朱子曰鄉黨不是不說但較之宗廟朝廷爲不敢多說耳○或問恂恂曰以詩書訓詁考之宜爲信實然亦有溫恭之意○慶源輔氏曰似不能言者所以形容信實之意大凡人纔信實則言自簡默况聖人之表裏如一者乎謙卑遜順不以賢智先人即溫恭之意○吳氏曰恂恂似不能言信實在心而訥於發言之貌人倫之序自近達遠由親及疎家之外則鄉黨矣生於斯長於斯父兄宗族聚於斯故夫子居之其貌言如此

其在宗廟朝廷便便言唯謹爾朝直遙反下同便旁連反

便便辯也宗廟禮法之所在朝廷政事之所出言不可以不明辯總言故必詳問據入太廟每事問而言在宗廟如此而極言之在朝

廷如此

但謹而不放爾吳氏曰宗尊也尊奉之故曰宗宗廟朝廷皆謂魯也○此一節記孔子在鄉黨宗廟朝廷言貌之不同胡氏曰在宗廟而明辯則可以識制度文物之精微升降揖遜之委折在朝廷而明辯則上之所布者不悖於理下之所受者不被其害○厚齋馮氏曰古人於言語所不能形容輒以連綿字狀之如詩之詠文王曰穆穆亹亹雝雝肅肅如見文王之德容心志也此篇最工於形容夫子之動容周旋睟然之於言辭之表見之○雲峯胡氏曰此篇記夫子之容貌言動然紀動莫先於紀言故首一節以言先之夫子在鄉黨非不言而似不能言在宗廟朝廷則當言必言而猶謹於言言心聲也此心信實則訥而不發此心謹慎雖不訥而亦不輕發信實謹慎不足以言夫子之聖而愈見夫子之所以聖

○朝與下大夫言侃侃如也與上大夫言誾誾如也侃苦旦反誾魚巾反

此君未視朝時也。胡氏曰。以下文君在互觀之。知此爲君未視朝時。既視朝。則不當歷位而相與言矣王制。諸侯上大夫卿。下大夫五人。胡氏曰。王制。上大夫卿。又云。大國三卿。下大夫五人、今合此二節以爲上大夫。下大夫之別也。上大夫曰卿。大國次國小國。並下大夫五人○厚齋馮氏曰。夫子仕魯。自下大夫爲上大夫。此當記爲下大夫之時許氏說文。後漢許慎字叔重。著說文侃侃。剛直也。慶源輔氏曰。侃侃。謂能守理義而無所回屈誾誾。和悅而諍也。朱子曰。下大夫位不甚尊。故言可得而直。遂上大夫前。雖有所諍。須有含蓄不盡底意。不如侃侃之發露得盡也。○和悅則不失事上之恭。諍則又不失在己義理之正。○和悅終不成一向放倒了。到合當辨處。須辨始得。○內不失其事上之禮。而外不至於曲從。如古人用這般字。不是只說字義。須是想象這意思是如此。如恂恂皆是有此意思。方下此字。如史記云。魯道之衰。洙泗之間。斷斷如也。斷闇字同這正見和悅而諍意思○北溪陳氏曰。先言和悅。後言諍。和悅者。事長順也。諍則不詭隨矣君在。踧踖如也。與與如也。踧，子六反。踖，子亦反。與，平聲，或如字。

君在。視朝也。踧踖。恭敬不寧之貌。與與。威儀中適之貌。

南軒張氏曰。此君在位之時。在朝在廟燕見皆然也。○胡氏曰。中者不至於過。適者當其可。○慶源輔氏曰。踧踖二字皆從足。蓋心懼而立不寧也。踧踖雖是恭敬不寧。與與又却威儀中適。此所以爲聖人也。○新安陳氏曰。中適。得其中而且安適也。若作中節解。何不曰適中乎。

○張子曰。與與上聲不忘向君也。亦通。

勉齋黃氏曰。下大夫侃侃。接下以嚴。上大夫闇闇。事上以和。敬而不忘向君。忠敬之道備矣。○雙峯饒氏曰。與與作平聲讀者。威儀中適之貌。言雖恭敬不寧而威儀却皆從容中適。恭敬之中。有和意也。作如字讀者。與之又與。不忘向君之意。踧踖。敬君之至也。與與。愛君之至也。敬有餘而愛不足則踈。愛有餘而敬不足則褻。聖人兩皆具足。蓋莫非中和氣象。○慶源輔氏曰。恭敬不寧如此。而意又不忘向君。亦非聖人不能也。

○此一節記孔子在朝廷事上接下之不同也。齊氏曰。君

未視朝。則其待同列也。或莊或和。所施各異。君既視朝。則其視君也。一於齊栗專篤而已。觀諸上下之間。而其辭貌各得其當可見矣

○君召使擯。色勃如也。足躩如也。擯必刃反 躩驅若反

擯主國之君所使出接賓者。勃。變色貌。躩。盤辟貌。辟音璧與躄同。○盤辟乃盤旋曲折之意。皆敬君命故也。慶源輔氏曰。擯人主使之接賓。此見儀禮。所以接賓者盡人主之禮意。而欲賓之無違於禮也。勃如。顏色之變。躩如。容止之變。心敬于中。則容變於外。自然之符也。聖人固未嘗不敬。但君命之臨。則敬心愈至耳

揖所與立。左右手。衣前後襜如也。襜赤占反

所與立。謂同爲擯者也。擯用命數之半。如上公九命。則用五人。以次傳命。周禮行人。上公九介。侯伯七介。子男五介。各隨其命數。賓次於大門之外。

主人使擯者出而請事。卿爲上擯。大夫爲承擯。士爲紹擯。主國之君。公則擯者五人。侯伯四人。子男三人。各用其命數之强半。下於賓以示謙也。若其傳命之制。賓立於庫門之外。即大門直闑西北面。介者以次立於西北東面。每介相去三丈六尺。主君出接。立於庫門之外。直闑西南面。擯者以次立於君之東南西面。每擯相去亦三丈六尺。末擯與末介相對。東西亦相去三丈六尺。主君命上擯請問來故。蓋雖知其來朝。不敢自許其朝己。恐其或爲他事而來。所以示謙也。上擯受君命而傳之承擯。迤邐傳至末擯。末擯傳至末介。末介以次繼傳。上至于賓。賓命上介復命。復以次傳之擯而達於主君。然後主君進而迎賓以入。○朱子曰。古者相見之禮。主人有擯。賓有介。賓傳命於上介。上介傳之次介。次介傳之末介。末介傳之末擯。末擯傳之次擯。次擯傳之上擯。上擯傳之主人。然後賓主方相見。○蔡氏揖曰。賓主各有副。賓副曰介。主副曰擯。

揖左人。則左其手。揖右人。則右其手。襜。整貌。

周禮春官。大宗伯以九儀之命正邦國之位。壹命受職。始見命爲正吏受職事。再命受服。受祭衣服爲上士三命受位。受下大夫之位。四命受器。受祭器爲上大夫五命受則。則者。法也。地未成國之名。王之下大夫四命。出封加一等。五命賜之以方百里。二百里之地者。方二百里以上爲成國六命受官。子男入爲卿。治一官也。此王六命之卿賜官者。使得自置其臣治家邑七命賜國。王之卿六命。出封加一等者。謂侯伯之國八命作牧。侯伯有功德者。加命得專征伐於諸侯。爲一州之牧九命作伯。上公有功德者。加命爲二伯。得征五侯。九命者。長諸侯爲方伯○秋官司寇大行人。以九儀辨諸侯之命。等諸臣之爵。以同邦國之禮。而待其賓客。九儀。謂命者五。公侯伯子男也。爵者四。孤卿大夫士也。上公之禮。執桓圭九寸。冕服九章。介九人。禮九牢。擯者五人。諸侯之禮。執信圭七寸。信音身冕服七章。介七人。禮七牢。擯者四人。諸伯執躬圭。其他皆如諸侯之禮。諸子執穀璧五寸。冕服五章。介五人。禮五牢。擯者五人。諸男執蒲璧。其他皆如諸子之禮○朱子曰。揖左人。傳命出。揖右人。傳命入也○慶源輔氏曰。左右手。如賓自南而北。則居東者在賓之右。而賓在其左。故用左手以揖賓。居西者在賓之左。而賓在其右。故用右手以揖賓。如此然後兩相向也。又曰。襜如。言其衣之前後襜如其齊整也

趨進。翼如也

疾趨而進。張拱端好。如鳥舒翼。慶源輔氏曰。凡人疾走則手易散。臂易掉。今疾趨而進。而張拱端好。如鳥舒翼。所謂造次不違者。是也

賓退。必復命曰。賓不顧矣

紓音舒君敬也朱子曰。古者賓退。主人送出門外。設兩拜。賓更不顧而去。國君於列國之卿大夫亦如此。○新安陳氏曰。紓。緩也。解也。賓雖退。主君敬猶存。擯告賓去不顧。則主君之敬可緩解也。○此一節記孔子爲去聲君擯相去聲之容問夾谷之會。孔子相禮。恐即擯相之相。朱子曰。相自是相。擯自是擯。相是相禮儀。擯是傳道言語。故擯用命數之半。是以次傳說。○勉齋黃氏曰。色勃足躩。被命之初也。揖與趨進。行禮之際也。賓退。禮畢之後也。皆天理之節文所當然。至於揖之左右。衣之前後。手之翼如。皆禮文之至末者。聖人於此動容周旋無不中禮。盛德之至也

○入公門鞠躬如也如不容

鞠躬曲身也。公門高大而若不容。敬之至也 南軒張氏曰。入公門。則改容而不敢少肆也○慶源輔氏曰。高大則宜無所不容矣。今以眇然之身。入之如不容焉。則心小而敬謹可知矣

立不中門行不履閾 閾千逼反

中門中於門也。謂當棖 除庚反 闑 倪結反 之間君出入處也。閾門限也。禮士大夫出入公門由闑右。不踐閾 見禮記 謝氏曰。立中門則當尊。行履閾則不恪 克各反○朱子曰。棖。如今衮頭相似。闑當中礙門者。今城門有之。古人常掩左扉。人君多出在門外見人。當棖闑之間為君位○或問中門之說。曰。疏云。門中有闑。兩旁有棖。中門。謂棖闑之中。然則門之左右扉各有中。所謂闑門左扉。立于其中。是也○南軒

張氏曰。立不中門。避所尊也。行不履閾。行以度也。非獨入公門爲然。特於此記之耳。○雙峯饒氏曰。中間有闑。兩旁有棖。棖是大門兩旁之木。如今壁尺相似。闑是中間兩扉相合之處。又有一木常設而不動。東西兩扉各有中。君出入則皆由左。出則以東扉爲左。入則以西扉爲左。士大夫出入君門則皆由右。出以闑西爲右。入以闑東爲右。然雖由右。亦不敢正當棖闑之中。但挨闑旁而行。蓋避君出入處也。行既不敢當中。則立亦不可當中。故立不中門。○吳氏曰。按鄉黨所記夫子之事有常禮者。有夫子所行不與他人同者。如入太廟每事問。此夫子不與他人同者。如立不中門。行不履閾。此常禮也

過位。色勃如也。足躩如也。其言似不足者。

位。君之虛位。胡氏曰。言過。則虛可知矣。謂門屏音丙之間。人君宁佇呂反立之處。所謂宁也。禮記曲禮下。天子當依上聲而立。諸侯北面而見天子曰覲。天子當宁而立。諸公東面諸侯西面曰朝。依。狀如屏風。以絳爲質。高八尺。東西當戶牖之間。繡爲斧文也。亦曰斧依。爾雅曰。

門屏之間，謂之宁。○問過位注云，君之虛位，謂門屏之間。朱子曰，如今人廳門之內，屏門之外，似周禮所謂外朝也。○問過位色勃如也，位，謂門屏之間，人君宁立之處。曰，古今之制不同，今之朝儀用秦制也。古者朝會，君臣皆立，故史記謂秦王一旦捐賓客而不立朝，君立於門屏之間。屏者，乃門間蕭墻也。今殿門亦設之。三公九卿以下，設位於廷中，故謂之三槐九棘者，廷中有樹處。公卿位當其下也。○雙峯饒氏曰，天子至尊，何以立而不坐。曰，古無坐見臣下之禮。至秦尊君卑臣，始有君坐臣立之制。○門屏之間，謂治朝也。但天子外屏，其屏在路門外，諸侯內屏，其屏在路門內，則宁立之處，天子當在門外屏內，諸侯當在屏外門內，此爲不同爾。問屏制何如，曰，樹小墻於當門，以蔽內外也。

君雖不在，過之必敬，不敢以虛位而慢之也。言似不足，不敢肆也。

攝齊升堂，鞠躬如也，屏氣似不息者。齊音咨

攝，摳驅侯反也。齊，衣下縫也。縫房用反。禮，將升堂，兩手摳衣使

去地尺。恐躡尼輒反之而傾跌音迭失容也。屏音丙藏也。息鼻息出入者也。近至尊氣容肅也。朱子曰。攝齊者。是畏謹恐上階時踏着裳有顚仆之患。○或問升堂攝齊。則手無所執歟。曰。古者君臣所執五玉三帛二生一死。皆以爲贄而已。笏則搢之。揷於腰間。用以記事而已。不執以爲儀也。宇文周欲復古。乃不脩贄而執笏。於是攝齊鞠躬之禮廢。升堂而蹴齊者多矣。○胡氏曰。初則身如不容。次則言似不足。又次則氣似不息。君愈近則敬愈加也。至於舒氣解顏若少放矣。而踧踖餘敬。久猶未忘。則聖人所以存心也可見矣。○慶源輔氏曰。升則肅。降則舒。氣之有張弛也。○鼻息出入。人之所不能無也。但心敬則氣肅。其息微細。自不覺其出入。一似不息者也。○趙氏曰。古者諸侯之堂七尺。尺一級。使裳之齊去地尺。則升階不躡之也。○兩手摳衣去齊尺。出記曲禮上。氣容肅。出玉藻篇注云。似不息

出降一等。逞顏色。怡怡如也。沒階趨進。翼如也。復其位。踧

踖如也

陸氏曰。趨下本無進字。俗本有之誤也○等階之級也。逞放也。漸遠所尊。舒氣解顏。怡怡。和悅也。沒階下盡階也。趨走就位也。復位踧踖。敬之餘也朱子曰。此是到末梢又加整頓。衆人末梢便撒了。聖人則始乎敬。終乎敬。問何以知進字爲衍文。曰。降一而盡階。則爲趨而退。不得復有進字○南軒張氏曰。出降一等。色始舒也。沒階翼如。復其位踧踖。始終以敬也

○此一節記孔子在朝之容勉齋黃氏曰。此記在朝之容有五節。一入門。二過位。三升堂。四下階。五復位○雲峯胡氏曰。始入門而如不容。其敬即已可見。至其出也。既怡而復踧踖則其敬愈可見。故集註始以爲敬之至。末以爲敬之餘○新安陳氏曰。此章當玩入與出字。自入以至出。始終一於敬也

○執圭鞠躬如也。如不勝。上如揖。下如授。勃如戰色。足蹜

蹜如有循勝平聲蹜色六反

圭。諸侯命圭。聘問鄰國。則使大夫執以通信。周禮冬官考功記。命圭九寸。謂之桓圭。公守之。命圭七寸。謂之信圭。侯守之。命圭七寸。謂之躬圭。伯守之。命圭者。王所命之圭也。朝覲執焉。居則守之。子守穀璧。男守蒲璧。不言之者。闕耳。○禮郊特牲云。大夫執圭而使。所以申信也。○朱子曰。圭自通。通贄見通信之物。只是捧至君前而已。少間仍退還。○或問命圭。曰。古者諸侯受封。天子授之以圭以爲瑞節。如不勝。執主器。執輕如不克。出記曲禮下敬謹之至也。慶源輔氏曰。一圭之重。能有幾何。豈有不勝之理。但敬謹之至。容儀一似不勝者耳。上上聲如揖下如授。謂執圭平衡。手與心齊。高不過揖。卑不過授也。問執圭上如揖下如授。既曰平衡。而又有上下。莫是心與手齊。如步趨之間。其手微有上下。但高不至過揖。下不至過授否。朱子曰。得之。○上如揖下如授。舊說謂上階之上。下階之下亦好。但此方說升堂時其容如此。既升堂納圭於君前。即不復執之以下。故說敬下堂不得。所以只用平衡之說言之。上下。謂執圭之高低也。○厚齋馮氏曰。太高則仰。太卑則俯。上下如此。則升降之間得其節矣。**戰色。戰而色懼也。**吳氏曰。臨事而懼。莫過於戰。故以戰喻過位。使擯但言色勃如也。此加戰字。則莊而且懼矣。**蹜蹜。舉足促狹也。如有循。記所謂舉前曳踵。**之隴反。**言行不離**去聲。**地。如緣物也。**禮玉藻。執龜玉。舉前曳踵。蹜蹜如也。踵。足後跟也。略舉前趾。拖曳後跟。行不離地也。○朱子曰。蹜蹜如有循。緣手中有主。不得攝齋。亦防顛仆。

享禮有容色。

享。獻也。既聘而享。用圭璧。有庭實。新安陳氏曰。記曰。庭實旅百。奉之以玉帛。此云用圭璧。即玉帛之玉。與上文執圭不相妨。彼乃命圭也。**有容色。和也。儀禮曰。發氣滿容。**問聘享之禮。朱子曰。正行聘禮畢而後行享禮。聘是以命圭通信。少間仍舊退還命圭。享是獻其圭璧琮璜。非命圭也。皮幣輿馬之類。皆拜跪以獻。退而又以物獻其卿大夫。凡三四次方畢。所獻之物皆受。但少間別有物以回之。又問庭實。曰。皮幣輿馬。皆陳於庭。故曰庭實。○問饗禮有容色。儀禮謂發氣滿容。何故如此。曰。聘是初見時。故其意極於恭肅。既聘而享。則用圭璧以通信。有庭實以將其意。比聘時漸紓也。

私覿。愉愉如也。

私覿。以私禮見（形甸反）也。愉愉則又和矣。朱子曰。享禮乃其君之信。私覿。則聘使亦有私禮物與所聘之國君。及其大臣○私覿是所遣之大夫。既以君命行聘享之禮畢。却行私禮。叅見他國之君也。○問私覿見於聘禮。孔子行之。而記禮者以為非禮。何也。曰。胡氏以為若聘禮所記孔子所行者。正也。當時大夫僭於邦君。於是乎有庭實旅百。如享禮然。則非矣。故記曰。庭實旅百。何為乎諸侯之庭。此說是也。○雲峯胡氏曰。非敬無以盡聘問之禮。非和無以通聘問之情。○新安陳氏曰。方聘則專於敬。既聘則漸而和。

○此一節。記孔子為（去聲）君聘於鄰國之禮也。勉齋黃氏曰。此章言出使有三節。執圭。禮之正也。享禮則稍輕。私覿則又輕矣。故其容節之不同也如此晁氏曰。孔子定公九年仕魯。至十三年適齊。其間絶無朝音潮聘往來之事。疑使擯執圭兩條。但孔子嘗言其禮當如此爾厚齋馮氏曰。據左氏史遷所載。恐不無軼事。是書出於門人之親記。烏得而疑之。○雙峯饒氏曰。按史記定公十四年。孔子去魯適衛。無十三年適齊事。不知晁氏何據而云。以上數節。必夫子朝見擯聘時。弟子隨從見而記之

○君子不以紺緅飾紺古暗反緅側由反

君子謂孔子。紺。深青揚赤色。齊側皆反服也。緅。絳色。三年之喪以飾練服也。飾。領緣俞絹反也問緅以飾練服。緅是絳色。練服是小祥後喪服。如何用絳色爲飾。朱子曰。便是不可曉。此箇制度差異。絳是淺紅色。紺是青赤色。揚者。浮也。如今人鴉青

也○齊服用縓。三年之喪既朞而練其服以緅爲飾○雙峯饒氏曰。集註本古註說也。然檀弓云。練衣縓緣。古註誤以縓爲緅。緅疑當闕○新安陳氏曰。縓。取絹切。縓是淺絳色。緅則赤多黑少之色。古註以緅當縓。殊不相似。至於紺近齊服。考之註疏。亦無明證。要之二色。皆似赤非赤。其色不正。故不用爲飾歟

紅紫不以爲褻服

紅紫間去聲色不正。且近於婦人女子之服也。朱子曰。紅紫非正色。青黃赤白黑。五方之正色也。綠紅碧紫騮。五方之間色也。蓋以木之青。克土之黃。合青黃而成綠。爲東方之間色。以金之白。克木之青。合青白而成碧。爲西方之間色。以火之赤。克金之白。合赤白而成紅。爲南方之間色。以水之黑。克火之赤。合赤黑而成紫。爲北方之間色。以土之黃。克水之黑。合黑黃而成騮。爲中央之間色。褻服。私居服也。言此。則不以爲朝潮音祭之服可知。朱子曰。自隋煬帝令百官以戎服從。一品賜紫。次朱。次青。後世遂爲朝服。然唐人朝服猶着禮服。京師士人行道間猶着衫帽。

南渡後，變爲白衫。後來變爲紫衫，皆戎服也。○南軒張氏曰：紺，齊服。緅，練服。不以飾，別嫌疑而重喪祭也。紅紫間色，不以爲褻服，無時而不居正也。○慶源輔氏曰：朝祭之服，禮服也。○陳氏用之曰：不以飾，則不以爲服可知。不以爲褻服，則不爲正服可知。○齊氏曰：後世朝祭服緑，服緋，服紫，蓋不特制度盡變於拓拔魏，而其色已失其正矣。故集註有微意焉。

當暑袗絺綌，必表而出之。

袗，單也。葛之精者曰絺，麤者曰綌。表而出之，謂先著陟略反裏衣，表絺綌而出之於外，欲其不見形向反體也。詩所謂蒙彼縐絺是也。新安陳氏曰：詩傳，蒙，覆也。縐，絺之蹙蹙者。蒙，謂加絺綌於褻衣之上。所謂表而出之也。見鄘風君子偕老篇。

緇衣羔裘，素衣麑裘，黃衣狐裘。麑研奚反

緇。黑色。羔裘用黑羊皮。麑。鹿子。色白。狐。色黃。衣以裼先的反裘欲其相稱去聲○朱子曰。緇衣羔裘。乃純用獸皮而加裏衣。如今之貂裘。○覺軒蔡氏曰。按邢氏云。中衣外裘。皆相稱也。緇衣羔裘之上。必用布衣爲裼。緇衣羔裘。是諸侯君臣日視朝之服也。素衣麑裘。視朔之服。卿大夫士亦然。受外國聘享。亦素衣麑裘。黃衣狐裘。則大蜡息民之祭服也。○胡氏曰。古者衣裘不欲其文之著。故必加單衣以覆之。然欲其色之稱。玉藻所謂羔裘緇衣以裼之。是也。○厚齋馮氏曰。羔裘朝服。鄭詩刺朝。晉詩刺在位。是也。麑裘。聘享之服。見聘禮。狐裘。蜡祭之服。見郊特牲。○新安陳氏曰。裘之上加單衣以袒裼。見裘之美曰裼。加全衣重襲於裼衣上以充蔽其美曰襲。故玉藻曰。裘之裼也。見美也。服之襲也。充美也

褻裘長。短右袂

長欲其温。短右袂。所以便作事。趙氏曰。此私家所著之裘。長之者主温也。袂是

裘之袂。短右袂者。作事便也。

必有寢衣。長一身有半。長去聲

齊。側皆反 主於敬。不可解衣而寢。又不可著。陟略反 明衣而寢。故別有寢衣。其半蓋以覆足。敷救反 程子曰。此錯簡。當在齊必有明衣布之下。愚謂如此。則此條與明衣變食既得以類相從。而褻裘狐貉亦得以類相從矣。南軒張氏曰。程子云。疑上文當連齊而言。故曰必有。蓋齊日不用常日之寢衣。所以致其嚴也。長一身有半。因是而言寢衣之制也。○新安陳氏曰。齊寢不以衾。致嚴也。半以覆足。可寢不可行。專爲齊之寢衣而已

狐貉之厚以居

狐貉毛深溫厚。私居取其適體。厚齊馮氏曰。豳詩云。一之日于貉。取彼狐狸。爲

公子裘。則從古固然。居不厭溫。故取其厚者以爲燕服。若出。則以輕裘爲便也

去喪無所不佩（去上聲）

君子無故玉不去身。觿（音攜）礪之屬亦皆佩也 南軒張氏曰。異吉凶也。佩亦有所當佩。○慶源輔氏曰。凡佩玉所以比德。固不可舍。其他如觿礪之屬。亦所當有事而不可闕者。故唯居喪則可去。去喪則無所不佩也。○覺軒蔡氏曰。按玉藻云。古之君子必佩玉。右徵角。左宮羽。凡帶必有佩玉。唯喪則否。佩玉有衝牙。君子無故玉不去身。君子於玉比德焉。孔子佩象環五寸而綦組綬。此是明去喪則佩。但曰無所不佩。則又不止於玉爾。又按內則子事父母。左右佩用。左佩紛帨刀礪小觿金燧。右佩佩捍管遰大觿木燧。觿貌如錐。以象骨爲之。礪。礱也。皆所以備尊者使令也。此是明無所不佩。但去喪之時。恐不同子事父母之時爾。紛帨。拭物之巾也。觿之大小。以解大小結。金燧可取火於日。捍。謂拾也。言可以捍弦也。管。筆彄也。遰。刀鞞也。木燧。鑽火也

非帷裳必殺之殺去聲

朝音潮祭之服裳用正幅如帷要與腰同有襞音璧積而旁無殺所戒反縫房用反其餘若深衣要半下齊倍要齊音咨則無襞積而有殺縫矣問襞積恐若今裙製近要有殺也。要半下謂近要者狹半放下面齊也。齊倍要謂向下者闊倍於上面要也。不知旁無殺縫如何。恐是深衣之制裳下面是裁布爲之近要者殺從其小以打半下之法。所以旁有殺縫也。朱子曰。帷裳如今之裙是也。襞積即是摺處耳。其幅自全安得謂近要者有殺縫邪○慶源輔氏曰。禮服取其方正。故裳用正幅。而人身之要爲小。故於要之兩旁爲襞積。即今衣摺也○雙峯饒氏曰。要半下。取深衣篇要縫半下之語。齊倍要。取玉藻篇縫齊倍要之語○胡氏曰。裳之如帷者。上衣之裳皆然。惟深衣則以布幅斜裁而易置之。下齊倍於要三之一。不爲襞積○新安陳氏曰。深衣之裳。以布六幅斜裁爲十二幅。三分之一皆在上。三分之二皆在下。要狹齊闊。要不用襞積。而旁有斜裁之殺縫。惟朝祭之

服惟裳用正幅者不殺之。非帷裳而如深衣者必殺之。殺謂要殺於齊者一半也

羔裘玄冠不以弔

喪主素。吉主玄。弔必變服。所以哀死李氏曰。羔裘朝服。玄冠。祭服。用之於吉故不以弔○南軒張氏曰。弔必變服。稱其情也○胡氏曰。吉凶異服。故色之黑者不以弔○慶源輔氏曰。誠於哀死。故內外如一也

吉月必朝服而朝

吉月。月朔也。孔子在魯致仕時如此李氏曰。周禮云。正月之吉。又云。月吉。讀邦法。皆因吉禮以別凶賓軍嘉爾。所謂月吉也○慶源輔氏曰。若未致仕時。乃常禮。有不必記○此一節記孔子衣服之制。勉齋黃氏曰。古人衣服不苟如此。蓋衣。身之章也。輕用之。是輕其身也。後世朝祭之服。皆不如古。而士君子之服。其色其制。無一合於禮矣蘇氏曰。此孔子氏遺書

雜記曲禮。非特孔子事也朱子曰。前註君子謂孔子。此謂非特孔子事。二義兼存。以待學者之自擇○南軒張氏曰。程子云。孔子在魯致仕時。月朔朝也。蓋雖致其事。而猶往月朔之朝。盡爲臣之恭也○雲峯胡氏曰。此以前紀夫子之容貌。此後紀夫子之衣服飮食。容貌無一定之象。故以如字形容之。而不字。僅二見焉。衣服飮食有一定之則。故但以必字不字直言之。而如字僅一見焉○新安陳氏曰。吉月之朝。豈亦雜記曲禮乎。孟子曰。君子之戹於陳蔡之間。君子。亦正謂孔子也

○齊必有明衣布齊側皆反

齊必沐浴。浴竟即著陟略反明衣。所以明潔其體也。以布爲之。明衣布。浴衣。見玉藻註○陳氏用之曰。明衣。以其致精明之德。用布。以其有齊素之心此下脫前章寢衣一簡

齊必變食。居必遷坐

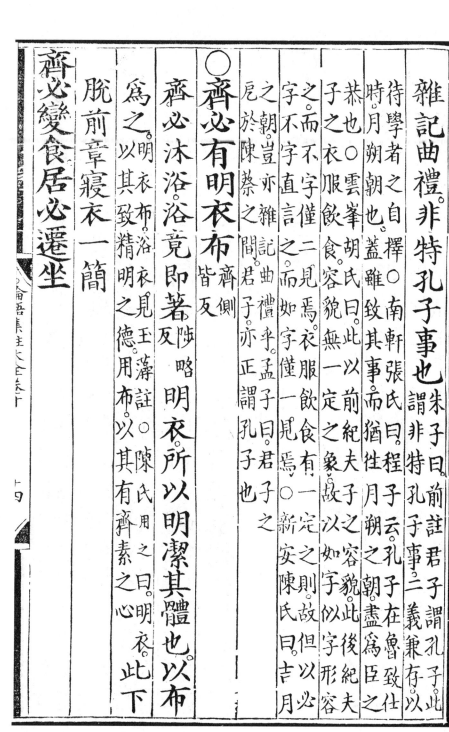

變食謂不飲酒不茹葷。朱子曰。不茹葷是不食五辛○今致齊有酒非也。但禮中亦有飲不至醉之說遷坐易常處也南軒張氏曰。變食遷坐。蓋皆變易其常。致敬而不敢遑寧也○慶源輔氏曰。變食必致潔。遷坐以易常。君子致敬無所不用其至也。豈簡細故一思慮而已哉○勉齋黃氏曰。或曰。齊必有明衣布。所脫寢衣一簡當屬上章。齊必變食。居必遷坐。當屬下章。則上章言衣服。下章言飲食。似有倫理。當存之○此一節記孔子謹齊之事。楊氏曰。齊所以交神。故致潔明衣變食變常遷坐以盡敬

○食不厭精。膾不厭細。食音嗣

食。飯也。精。鑿也。雲峯胡氏曰。鑿通作糳。即各反。糲米一斛。舂米九斗牛羊與魚之腥。聶而切之爲膾。禮記少儀篇注云。聶之爲言牒也。先藿葉切之。復報切之。則成膾。郊特牲疏云。先牒而大臠切之。而復報切之。聶少儀音之涉反。一音泥涉反。牒少儀音直輒反。郊特牲註聶本作攝。又

作膘。皆之涉反食精則能養人。膾麤則能害人。不厭，言以是爲善，非謂必欲如是也。慶源輔氏曰：以是爲善，理也。必欲如是，欲也。其流則爲窮口腹之欲矣。

食饐而餲，魚餒而肉敗，不食。色惡，不食。臭惡，不食。失飪，不食。不時，不食。食饐之食音嗣。饐，於冀反。餲，烏邁反。飪，而甚反。

饐，飯傷熱濕也。餲，味變也。魚爛曰餒。肉腐曰敗。色惡臭惡，未敗而色臭變也。吳氏曰：餒自內出，敗自外入。臭，氣也。色惡臭惡，廣言衆物。物壞而食必害人。常人且謹，況聖人乎？或問：聖人譏恥惡食者何也？曰：惡食謂蔬食菜羹之類，以其粗菲，故曰惡爾。非謂腐壞之物不可食而食之也。飪，烹調生熟之節也。不時，五穀不成，果實未熟之類。此數者皆足以傷人，故不食。禮王制：五穀不時，果實未熟。不粥。於市物未成不利人。粥。音育。○朱子曰。不時不食。漢詔所謂穿掘萌芽。鬱養强熟之類。○慶源輔氏曰。食饐以下數者。之不食。不使害於身也

割不正不食。不得其醬不食

割肉不方正者不食。造七到反次不離去聲於正也。漢陸績之母。切肉未嘗不方。斷音短葱以寸為度。蓋其質美與此暗合也。後漢陸續傳。續詣洛陽詔獄。明帝時。楚王英謀反。連及太守尹興。續時為尹興掾。故坐就獄。續被掠考。肌肉消爛。終無異辭。母遠至京師。覘候消息。獄事特急。無緣與續相聞。母但作饋食。付門卒進之。續雖見考苦毒。而辭色慷慨。未嘗容易。唯對食悲泣不能自勝。使者怪而問故。曰。母來不得相見。故泣耳。使者大怒以為獄門吏卒通傳意氣。續曰。因食餉羹。識母自調和。故知來耳。非人告也。使者問何以知母所作乎。曰。母切肉未嘗不方。斷葱以寸為度。是以知之。使者問諸謁舍。停主人之舍也續母果來。於是陰嘉之。上書說續行狀。

帝即赦與等事還里。禁錮終身。續以老病卒

食肉用醬各有所宜。不得則不食。惡去聲其不備也。禮記內則。濡豚包苦實蓼。濡。烹煮之以汁調和也。以苦荼包豚。殺其惡氣。破開腹實蓼其中。更縫合也。濡雞醢醬實蓼。濡魚卵醬實蓼。卵。鄭氏讀爲鯤。鯤。魚子也。以魚子爲醬。濡鱉醢醬實蓼。魚膾芥醬。麋腥醢醬。○朱子曰。醬。非今所謂醬。如內則中數般醬。隨其所用而不同。○雙峯饒氏曰。當看其字。其是指其所食物而言。醬之爲品非一。飲食各有所宜。如食魚膾。宜用芥醬。食濡魚。用卵醬。食麋腥濡雞濡鱉用醢醬。如內則所云是也。古之制飲食者。使人食其物。則用其醬。必有意義。不是氣味相宜。必是相制。不得之。則非特不備。食之亦必有害。故不食也

此二者無害於人。但不以嗜味而苟食耳。朱子曰。一言語。一動作。一飲食。都有是有非。是底便是天理。非底便是人欲。如孔子失飪不食。不時不食。割不正不食。無非天理。如口腹之人。不時也食。不正也食。失飪也食。便都是人欲。都是逆天理

肉雖多。不使勝食氣。唯酒無量。不及亂。食音嗣量去聲

食如字以穀爲主，故不使肉勝食氣。朱子曰：肉雖多，不使勝食氣。非特肉也，凡蔬果之類皆不可使勝食氣。○北山陳氏曰：聞之老壽者言，人得元氣以生，穀氣以養，肉氣以輔。肉氣勝則滯穀氣，穀氣勝則滯元氣，元氣克行者壽。夫子不使多肉勝穀食氣者，養生之理當然也。

酒以爲去聲人合懽，樂記曰：酒食者，所以懽合也。故不爲量，但以醉爲節而不及亂耳。程子曰：不及亂者，非唯不使亂志，雖血氣亦不可使亂，但浹洽而已可也。慶源輔氏曰：酒以爲人合懽，而人之飲量各不同也，故不預爲之量，而以醉爲節。雖以醉爲節，而又不及於亂，此亦聖人從心所欲不踰矩之一端。○覺軒蔡氏曰：集註謂以醉爲節，或者猶過疑其或導人於醉也，殊不知醉字所以釋經文之無量，而繼之以爲節二字，而以不及亂承之，正所以戒人之溺於醉也。況詩中如旣醉、如賓之初筵，未嘗不言醉，但醉甚至於亂威儀，則爲失耳。所謂集註一字不可增減移易者，正謂此也。○胡氏曰：亂者，內昬其心志，外喪其威儀，甚則班伯所謂淫亂之原，皆在於酒是也。聖人飲無定量。亦無亂態。蓋從心所欲不踰矩。是以如此。○新安陳氏曰。無量不及亂。以夫子則可。程子是以浹洽而已爲限量。此學者所當法。學者當以有量。學聖人之無量。否則恐致亂矣

沽酒市脯不食

沽。市。皆買也。恐不精潔。或傷人也。與不嘗康子之藥同意

不撤薑食

薑通神明。去上聲穢惡。故不撤。本草云。薑味辛微溫。久服去臭氣通神明

不多食

適可而止。無貪心也。慶源輔氏曰。沽酒市脯不食。聖人衛生之嚴也。不撤薑食。聖人養生之周也。不多食。當食者不去。可食者不多。惟理是從。所欲不存也

祭於公。不宿肉。祭肉不出三日。出三日。不食之矣

助祭於公所得胙肉。歸即頒賜。不俟經宿者。不留神惠也。家之祭肉。則不過三日。皆以分賜。蓋過三日。則肉必敗而人不食之。是褻鬼神之餘也。但比君所賜胙可少緩耳。朱子曰。若出三日。則人將不食而厭棄之。非所以敬神惠也。○南軒張氏曰。公家之祭不宿肉。受神惠於公所。欲亟以及人也。家祭之肉不出三日。懼其或敗而起人之褻易。非事神之道也。故或出三日。則寧不食焉

食不語。寢不言

答述曰語。自言曰言。新安陳氏曰。二字他處通用。此則有辨。○朱子曰食對人。寢獨居。故即其事而言之范氏曰。聖人存心不他。當食而食。當寢而寢。言

語非其時也。楊氏曰。肺爲氣主。而聲出焉。寢食則氣窒而不通。語言恐傷之也。亦通。素問五藏生成篇。諸脉者皆屬於目。諸髓者皆屬於腦。諸筋者皆屬於節。諸血者皆屬於心。諸氣者皆屬於肺。肺藏主氣故也。○新安陳氏曰。范說主理。楊說主氣。范爲優。楊亦不可發。

雖蔬食菜羹瓜祭必齊如也食音嗣

陸氏曰。魯論瓜作必。新安陳氏曰。瓜字本齊論。然瓜即菜意重。作必爲是。○古人飲食每種上聲各出少許置之豆間之地。新安陳氏曰。古席地而坐。置豆於地。故置祭物於豆間之地以祭先代始爲飲食之人。不忘本也。齊嚴敬貌。孔子雖薄物必祭。其祭必敬。聖人之誠也。朱子曰。曰必祭。則明無不祭之食也。曰必齊如。則明無不敬之祭也。○此一節記孔子飲食之節。勉齋黃氏曰。飲食以養生。故欲其精。然亦能傷生。故惡其敗。至於失節縱欲。無不致其謹焉。聖人一念之微。莫非天理。學者不可以不戒也 謝氏曰。聖人飲食如此。非極口腹之欲。蓋養氣體不以傷生當如此。然聖人之所不食窮口腹者或反食之欲。心勝而不暇擇也 慶源輔氏曰。養氣體不以傷生。聖人飲食之正也。窮口腹以快其欲。常人飲食之流也

○席不正不坐

謝氏曰。聖人心安於正。故於位之不正者雖小不處上聲 問席不正不坐。此是聖人之心純正。故日用間纖有不正處。便與心不相合。心亦不安。朱子曰。聖人之心無豪釐之差。謂如事當恁地做時。便硬要恁地做。○慶源輔氏曰。形於外者雖小不正不處。則存於中者密矣。○覺軒蔡氏曰。此句與割不正不食同。○葉少蘊曰。席南鄉北鄉。以西方爲上。此以方爲正者也。有憂者側席而坐。

有喪者專席而坐。此以事爲正者也。○吳氏曰。危坐爲跪。安坐爲居。凡禮坐皆謂跪也。○雲峯胡氏曰。此曰不正不坐。後曰必正席。一席之微。亦致嚴於不與必之二字。聖人之心無不正也

○鄉人飲酒杖者出斯出矣

杖者老人也。六十杖於鄉。未出不敢先。既出不敢後。禮王制。五十杖於家。六十杖於鄉。七十杖於國。八十杖於朝。九十者天子欲有問焉則就其室以珍從。○慶源輔氏曰。鄉黨尚齒。故其出視老者以爲節

鄉人儺。朝服而立於阼階。儺乃多反

儺。所以逐疫。周禮方相氏掌之。夏官。方相氏。掌蒙熊皮。黃金四目。玄衣朱裳。執戈揚盾。方相。猶言放想。如今魌頭是也。帥與率同。百隸隸同而時難。儺同。以索室毆疫。以索室中疫鬼而驅逐之也。阼階東階也。儺雖古禮而近於戲。亦朝服而臨之者。

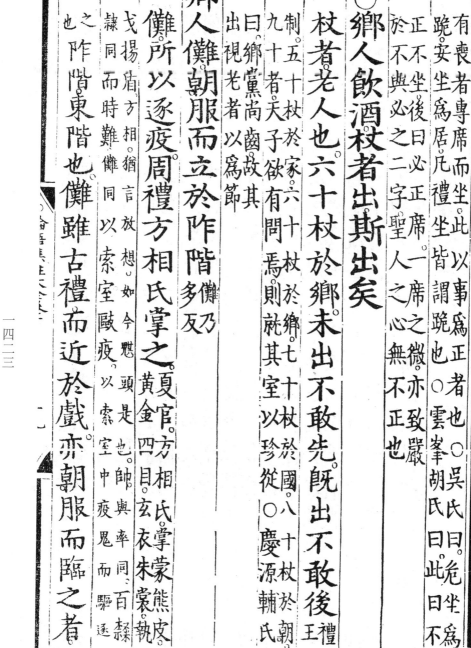

無所不用其誠敬也。或曰。恐其驚先祖五祀之神。欲其依已而安也。問子孫之精神。即祖考之精神。故祖考之精神依於己。若門庭戶竈之屬。吾身朝夕之所出處。則鬼神亦必依己而存。朱子曰。一家之主。則一家之鬼神屬焉。諸侯守一國。則一國之鬼神屬焉。天子有天下。則天下鬼神屬焉。看來爲天子者。這一箇神明是多少大。如何有些子差。或得。若縱欲無度。天上許多星辰。地下許多山川。如何不變怪。○問鄉人儺。古人此禮節目不可考。想模樣亦非後世俚俗之所爲者。曰。後漢志中有此。想亦近古之遺法。○厚齋馮氏曰。禮郊特牲云。鄉人禓。音傷夫子朝服立於阼。存室神也。以其達陽氣。故禓於文從示從昜。以逐疫去難。故儺於文從人從難。蓋鄉人之意。主於逐疫。而先王制禮不禁。因以達陽氣也。禓儺。通稱也。儺出於鄉俗。其事幾於戲矣。而儼然朝服以立于阼階。外示其敬。而鄉人亦知所止。不敢升階以驚室神。神亦得以依己而安也。○此一節記孔子居鄉之事

○問人於他邦。再拜而送之

拜送使去聲者如親見之敬也朱氏曰。古人有此禮。遣使問人於他邦。則王人從背後拜而送之。○慶源輔氏曰。使者所以將我之命往見其人。拜而送之。則如親見其人矣。不以遠而廢敬也

康子饋藥。拜而受之。曰。丘未達。不敢嘗。

范氏曰。凡賜食必嘗以拜。藥未達則不敢嘗。受而不飲則虛人之賜。故告之如此。然則可飲而飲。不可飲而不飲。皆在其中矣。朱子曰。古者賜之車則乘以拜。賜之衣服。則服以拜。賜之飲食。則嘗而拜之。蓋今未達。故不敢拜而嘗耳。已而達焉則可飲而飲。不可飲而不飲。皆在其中矣楊氏曰。大夫有賜。拜而受之。禮也。未達不敢嘗。謹疾也。必告之。直也。南軒張氏曰。於此一事之間。而得三善焉。○胡氏曰。孟子謂大夫有賜於士。而得受於其家。此必拜其賜之禮也。未達者。所用之品。所療之病。皆不知也。一有不宜。則疾生焉。聖人謹疾。不敢嘗也。受之以禮。而告之以實。○龜山

楊氏曰。君子之治心養氣。接物應事。唯直而已。直則無所事矣。康子饋藥。孔子既拜而受之矣。乃曰丘未達不敢嘗。此疑於拂人情。然聖人慎疾。豈敢嘗未達之藥。既不敢嘗。則直言之○此一節記孔子與人交之誠意

○廄焚。子退朝。曰傷人乎。不問馬

非不愛馬。然恐傷人之意多。故未暇問。蓋貴人賤畜。許又反理當如此南軒張氏曰。仁民愛物。固有間也。方退朝始聞之時。惟恐人之傷。故未暇及於馬耳。○邢氏曰。孔子家廄也。以退朝知之。○吳氏曰。廄焚問馬。人之常情。聖人恐人救馬而傷。故問人傷否而已。更不問馬。記之所以示教。雜記家語皆載此事。家語云國廄。恐非。國廄則馬當問。路馬則又重矣

○君賜食。必正席先嘗之。君賜腥。必熟而薦之。君賜生。必畜之

食恐或餕音俊餘故不以薦曲禮曰餕餘不祭正席先嘗如對君也言先嘗則餘當以頒賜矣或問不正不坐豈必賜食而後正之朱子曰席固正矣至此又正以爲禮也曲禮主人請入爲席矣賓既升又跪正席豈先爲不正之席至此然後正之哉蓋敬慎之至耳○雙峯饒氏曰賜食有親當先以奉親夫子先嘗時已孤故也腥生肉熟而薦之祖考榮君賜也畜許六反之者仁君之惠無故不敢殺也慶源輔氏曰所賜既殊所處亦異如鑑照形毫釐不差聖人之時中也

侍食於君君祭先飯

周禮王日一舉古註云殺牲盛饌曰舉每日一舉盛饌也膳時戰反夫授祭飲食必祭授王所祭之物品嘗食每品物皆先嘗之示無毒也王乃食故侍食者君祭則已不祭而先飯若爲去聲君嘗食然不敢當客禮也

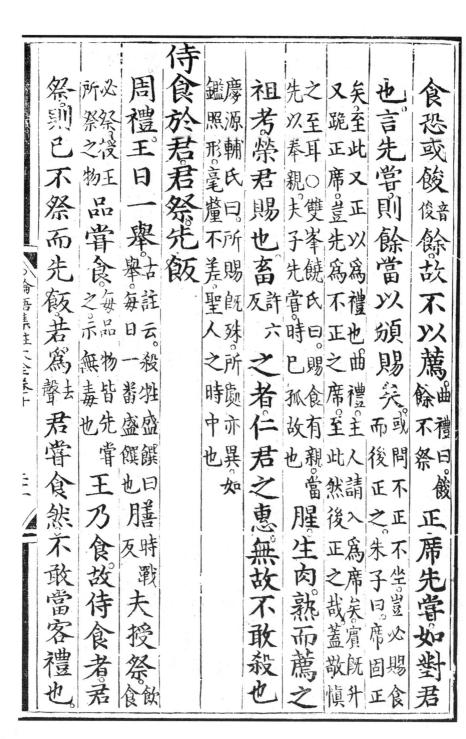

南軒張氏曰。禮。賜之食而君客之。則命之祭。然後祭。今於君之祭。已則先飯。恐君之客已也。必先飯者。以食爲先也

疾。君視之。東首。加朝服。拖紳。首，去聲。拖，徒我反

東首。以受生氣也。新安陳氏曰。天地生氣始於東方 病臥不能著陟略反衣束帶。又不可以褻服見君。故加朝服於身。又引大帶於上也。問疾。君視之方東首。常時首當在那邊。禮記自云寢常當東首矣。平時亦欲受生氣。恐不獨於疾時爲然。朱子曰。常時多東首。亦有隨意臥時節。如記云請席何向。請衽何趾。這見得有隨意向時節。然多是東首。故王藻云居常當戶。寢常東首也。常寢於北牖下。君問疾。則移於南牖下。○南軒張氏曰。雖不能興。不忘恭也。○雙峯饒氏曰。君未視疾。容有隨意所適者。但君視則必正東首之禮。○慶源輔氏曰。一息尚存。不敢廢禮。況有疾而君視之乎。加朝服拖紳。蓋禮之變也。亦禮之宜也。然亦必病不能支。方可如此

君命召不俟駕行矣

急趨君命行出而駕車隨之○此一節記孔子事君之禮

○入太廟每事問

重平聲出

○朋友死無所歸曰於我殯

朋友以義合死無所歸不得不殯胡氏曰朋友人倫之一其死也無父族母族妻族無旁親主之是無所歸也爲朋友者不任其責則轉於溝壑而已故曰於我殯此節獨記一曰字必嘗有是事人莫知所處而夫子有是言也○古者三日而殯三月而葬但曰殯而不曰葬則其親者在遠必訃告之未及故也○吳氏曰殯於堂曰殯瘞於野曰葬殷人殯於兩楹之間周人殯於西階之上此殯蓋有舘於夫子

者。故死而就使殯於其館耳。檀弓曰。賓客至無所館。夫子曰。生於我乎館。死於我乎殯。

朋友之饋，雖車馬，非祭肉，不拜。

朋友有通財之義，故雖車馬之重不拜。祭肉則拜者，敬其祖考，同於己親也。新安陳氏曰。車馬不拜，義也。祭肉必拜，禮也。○此一節，記孔子交朋友之義。雲峯胡氏曰。此節集註於義之一字凡三見之。朋友既以義合。當殯而殯，義也。當饋而饋，亦義也。義所當爲不可辭。義所當受不必拜。

○寢不尸。居不容。

尸，謂偃卧似死人也。居，居家。容，容儀。范氏曰：寢不尸，非惡去聲其類於死也。惰慢之氣不設於身體，雖舒布其四體，而亦未嘗肆耳。居不容，非惰也，但不若奉祭祀、見賓客而已。申申夭夭是也。慶源輔氏曰。容儀。謂奉祭祀見賓客之容貌威儀也。然居家亦自有居家之容。所謂申申夭夭是也。但不若奉祭祀見賓客之極乎莊敬耳。聖人德盛仁熟。雖寢與居亦有常則也。○厚齋馮氏曰。寢所以休息。易於放肆也。放肆則氣散而神不聚。居所以自如。無事乎容儀也。爲容則體拘而氣不舒。蓋寢而尸則過於肆。居而容則過於拘。二者皆非養心之道

見齊衰者。雖狎必變。見冕者與瞽者。雖褻必以貌。

狎。謂素親狎。褻。謂燕見。貌。謂禮貌。餘見形甸反前篇。南軒張氏曰。狎。謂與習熟者。褻。謂見之頻數者。○洪氏曰。雖少必作。過之必趨。謂不相識者也。雖狎必變。雖褻必以貌。謂素所親比者也

凶服者式之。式負版者。

式。車前橫木。有所敬則俯而憑之。負版。持邦國圖籍者。

式此二者。哀有喪。重民數也。人惟萬物之靈。而王者之所天也。前漢書。酈食其音異基曰。王者以民爲天。民以食爲天。天者。人資而生者也。故周禮獻民數於王。王拜受之。況其下者。敢不敬乎。周禮秋官。司民掌登萬民之數。自生齒以上。皆書於版。男八月。女七月而生齒。版。今戶籍也。歲登下其死生。及三年大比。以萬民之數詔司寇。司寇獻其數于王。王拜受之。登于天府

有盛饌。必變色而作

敬主人之禮。非以其饌也。慶源輔氏曰。變色而作。謂改容而起以致敬也○新安陳氏曰。主敬客。故爲設盛饌。客敬主。故變色而作。若不敢當也。怡然當之。則爲不敬不知禮矣

迅雷風烈。必變

迅。疾也。烈。猛也。必變者。所以敬天之怒。詩。變大雅板篇曰。敬天之怒

記曰。若有疾風迅雷甚雨。則必變。雖夜必興。衣服冠而坐。問有終日之雷。終夜之雨。如何得常如此。朱子曰。固當常如此。但亦主於疾風迅雷甚雨。若平平底風雨。也不消如此。問當應接之際無相妨否。曰。有事也只得應。○王氏曰。迅雷風烈。天之威也。天子當自察於天下。諸侯卿大夫當自察於國。士庶人當自察於身。恐懼修省何可已哉○此一節記孔子容貌之變

○升車必正立執綏

綏挽以上上聲車之索也。范氏曰。正立執綏。則心體無不正。而誠意肅恭矣。蓋君子莊敬無所不在。升車則見形甸反於此也慶源輔氏曰。正立。則身不偏倚。執綏。則不忘有事。范氏所謂心體無不正。而誠意肅恭者得之○新安陳氏曰。古人乘車必立。惟老人安車則坐。婦人亦坐

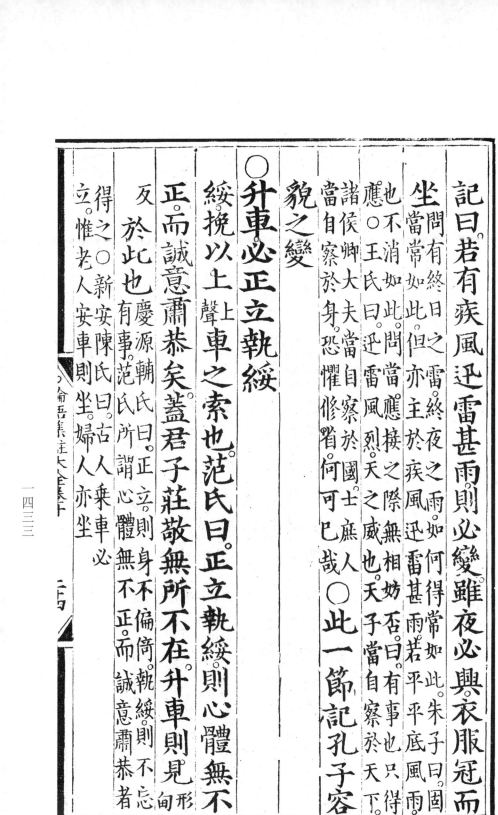

車中不内顧。不疾言。不親指

内顧。回視也。禮曰。顧不過轂。三者皆失容。且惑人問車中不内顧一章。朱子曰。立視五雟。式視馬尾。蓋雟是車輪一轉之地。車輪高六尺。圍三徑一。則闊丈八。五轉則正爲九丈矣。立視雖遠。亦不過此。○南軒張氏曰。三者非獨恐其惑衆也。蓋以其非在車之容故耳。○覺軒蔡氏曰。曲禮篇。車上不廣欬。不妄指。立視五雟。式視馬尾。顧不過轂。正義曰。車上不廣欬者。欬。聲也。廣。弘大。車高大也。欬似驕矜。又驚衆也。不妄指者。妄。虛也。在車上無事忽虛以手指。亦爲惑衆也。顧不過轂者。車轂也。轎頭不得過轂。過轂則掩人私也。此三句正與此篇相合。○此一節記孔子升車之容新安陳氏曰。大夫得乘車。觀瞻所係。夫子謹之。非勉而能。蓋動容周旋。自中乎禮。其見於乘車者如此

○色斯舉矣。翔而後集

言鳥見人之顏色不善。則飛去。回翔審視而後下止。人

之見幾平聲而作審擇所處上聲亦當如此。程子曰。色斯舉矣。不至悔吝。翔而後集。審擇其處。○南軒張氏曰。色斯舉矣。炳先見於幾微也。翔而後集。從容審度而後處之也。如是則悔吝何從生乎然此上下必有闕文矣胡氏曰。上不知爲何人之言。下不知爲何事而發。故以爲有闕文也

曰。山梁雌雉時哉時哉。子路共之。三嗅而作共，九用反。又居勇反。嗅，許又反

邢氏曰。邢氏名昺。濟陰人梁，橋也。時哉，言雉之飲啄得其時。子路不達。以爲時物而共具之。共，九用反孔子不食。三嗅其氣而起。晁氏曰。石經嗅作戞。謂雉鳴也。劉聘君曰。嗅當作狊。古闃反。闃，古壁反張兩翅也。見形甸反爾雅。愚按如後兩說。

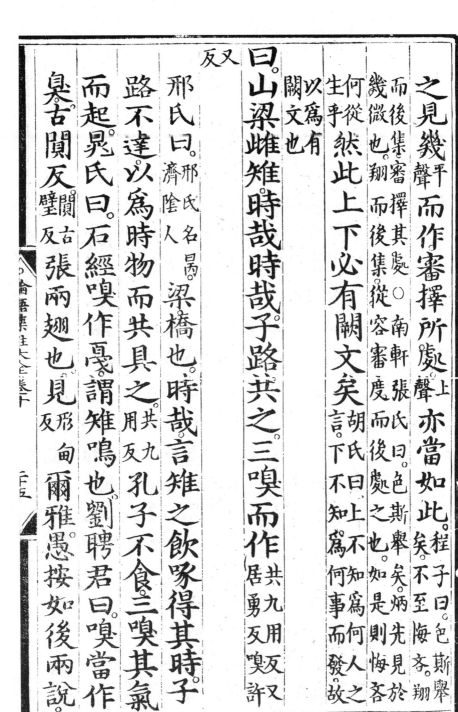

則共居勇反字當爲拱執之義。然此必有闕文。不可强上聲爲之說。姑記所聞以俟知者。爾雅釋獸須屬。獸曰釁。許靳反。獸之自奮迅動作名釁。人曰撟。紀小反。人之罷倦。頻伸夫撟舒展屈折名撟。魚曰須。魚之鼓動兩頰。若人之欠須導其氣息者名須。鳥曰臭。鳥之張兩翅。臭臭然搖動者名臭。此皆氣倦體罷。所須若此。故題云須屬也○慶源輔氏曰。退當見幾。進當審義○西山眞氏曰。色斯舉矣。去之速矣。衛靈公問陳而孔子行。魯受女樂而孔子去。即此義也。翔而後集。就之遲也。伊尹俟湯三聘而後幡然以起。太公伯夷聞文王善養老而後出。即此義也。古人所謂三揖而進。一辭而退。雖相見會聚之間猶謹諸此。況仕止久速之際乎。賈誼賦所謂鳳縹縹而高逝兮夫固自引而遠去。此即色斯舉矣之意。又曰鳳凰翔于千仞兮。覽德輝而下之。此即翔而後集之意。後世如漢穆生以楚王戊不設醴而去。諸葛武侯必待先主三顧而後從之。皆有得乎此者○新安陳氏曰。此章文義略不順。而意亦可通。色舉翔集。即謂雉也。夫子見雉如此。曰此山橋邊之雌雉。其見幾而舉。詳審而集。時哉時哉。蓋謂時當飛而飛。

時當下而下。皆得其時也。子路不悟。以爲時物。取雉供之。夫子不食。三嗅而起。聖人寬洪不直拒人也。雉一禽耳。去就猶得其時如此。君子之去就。何可不得其時哉。若移山梁雌雉一句冠於此章之首。則辭意似尤明云

○蔡氏曰。士之脩於身。行乎族里者。至鄉黨而備。立乎朝。行乎天下者。自鄉黨而出。此篇所係不亦重乎。夫子萬世之標準也。父兄宗族之間。君臣朋友之際。莫不曲盡其道。非屑屑於是也。蓋其一理渾然。而泛應曲當。人見其動容周旋無不中禮。一言語一容貌一舉動無不一盡其道者。當知其德盛禮恭自不期而合也。告曾子一貫之說。與此篇相發明。學者可不思學孔子以自立於鄉黨哉

論語集註大全卷之十

論語集註大全卷之十一

先進第十一

此篇多評弟子賢否。凡二十五章。厚齋馮氏曰。此篇多評弟子賢否。故以次於夫子言動之後。○趙氏曰。評其賢則能者勸。評其否則不能者勉。無非教也。然此篇稱賢者三倍於否。亦足以見賢之衆矣。胡氏曰。此篇記閔子騫言行去聲者四。而其一直稱閔子。疑閔氏門人所記也

子曰。先進於禮樂。野人也。後進於禮樂。君子也

先進後進。猶言前輩後輩。野人。謂郊外之民。君子。謂賢士大夫也。程子曰。先進於禮樂。文質得宜。今反謂之質朴。而以爲野人。後進之於禮樂。文過其質。今反謂之彬

彬而以爲君子。蓋周末文勝。故時人之言如此。不自知其過於文也朱子曰。禮樂只是一箇禮樂。用得自不同。如升降揖遜。古人只是誠實行許多威儀。後人便式好看。古人只正容謹節。後人便近於巧言令色。如古樂雖不可得而見。只如誠實底人彈琴便雍容平淡自是好聽。若弄手弄脚撰出無限不好底聲音。只是繁碎耳○問此禮樂還說宗廟朝廷以至州閭鄉黨之禮樂。曰。也不止是這般禮樂。凡日用之間一禮一樂。皆是禮樂。只管文勝去如何合殺。須有箇變轉道理

如用之則吾從先進

用之。謂用禮樂。孔子既述時人之言。又自言其如此。蓋欲損過以就中也慶源輔氏曰。時俗易得逐流而徇末。聖人常欲損過以就中。聖人之所以轉移時俗者。其過化存神之妙。雖未易窺測。至於損過就中之用。則有不可易者○問孔子從先進。是夫子無取於文也。然周監於二代郁郁乎文。夫子又從之何耶。潛室陳氏曰。從先進。是夫子欲復文武周公之舊。即從

周也文必以周公之舊方可從周末文弊已不足爲文矣從周者三代損益之勢當然從先進者周末文弊救之當然並行不悖○問夫子用禮樂而從先進是欲崇質耶抑欲文質之得中耶雙峯饒氏曰聖人之道無適不中用禮樂而從先進在當時則爲崇質在理則爲適中○新安陳氏曰文武周公監夏殷之禮而損益之夫子稱曰郁郁乎文蓋謂其文質得中即彬彬之文也此周盛時之文即先進之所從事者此章從先進之云正是厭周末之文過其質而欲從周盛時之文質得中與從周之言初不相妨而可互相發從周正是欲從先進耳

○子曰從我於陳蔡者皆不及門也從去聲

孔子嘗厄於陳蔡之間弟子多從之者此時皆不在門故孔子思之蓋不忘其相從於患難去聲之中也

德行顏淵閔子騫冉伯牛仲弓言語宰我子貢政事冉有

季路。文學子游子夏。

弟子因孔子之言記此十人。問何以知其爲弟子所記。朱子曰。吴氏例云。凡稱名者。夫子之辭。或弟子師前相謂之辭。稱字者。弟子自相謂之辭。或弟子門人之辭。或以此章盡爲夫子之言者。考之不審也。而幷目其所長。分爲四科。孔子教人各因其材於此可見。朱子曰。德者。行之本。君子以成德爲行。言德則行在其中。德行。是兼內外貫本末全體底物事。那三件。各是一物見於用者也。○問德行不知可兼言語政事文學否。曰。當就逐項上看。如顏子之德行固可以備。若他人固有有德行而短於才者。○問四科之目。曰。德行者。潛心體道。默契於中。篤志力行。不言而信者也。言語者。善爲辭令者也。政事者。達於爲國治民之事者也。文學者。學於詩書禮樂之文。而能言其意者也。夫子教人。使各因其所長以入於道。然其序則必以德行爲先。誠以躬行實造。具體聖人。學之所貴尤在於此。非若三者各爲一事之長而已也。○勉齋黃氏曰。四科之目。因其所得而稱之。舉其最優者爲言也。○雙峯饒氏曰。聖門之教。有大綱領。有小條目。小條目。如長於政事者與言政事。長於文學者與言文學是也。如今人能文者告之以作文之法。曉事者告之以處事之法。此是各因其材。然本領不正。能文者無緣做得好文章。曉事者無緣做得好政事。又須示之以大綱領使之治心脩身。從本領上做將來。○程子曰。四科乃從夫子於陳蔡者爾。門人之賢者固不止此。曾子傳道而不與音預焉。故知十哲世俗論也。慶源輔氏曰。夫子之門如此十人者固高矣。然受業身通者凡七十人。則豈獨此十人可名爲哲哉。故程子引曾子以爲證。而斷十哲爲世俗之論。所以教學者使求於聖人之門不止此十人也。○新安陳氏曰。曾子。晳之子。是時尚少。不得與陳蔡之從。故不在列。又如有若雖賢亦以不從此行而不在列焉。○雲峯胡氏曰。德行。即孟子所謂有成德者。言語。政事。文學。即孟子所謂有達才者。然孟子於成德之上有如時雨化之者。集註所謂顏曾是也。於此見論語四科不過門人所記。而孟子五教又能發門人之所未發

○子曰：回也，非助我者也，於吾言無所不說。音悅

助我，若子夏之起予，因疑問而有以相長上聲也。顔子於聖人之言，默識心通，釋悅字無所疑問，釋非助字故夫子云然。其辭若有憾焉，其實乃深喜之。○胡氏曰：夫子之於回，豈眞以助我望之？蓋聖人之謙德，又以深贊顔氏云爾。

慶源輔氏曰：聖人之心，義理昭融，固不因人之問而後有所知，亦不以人之不問而遂有所疑。顔豈有待於學者之助哉？然疑而問，問而益得以發其精微，若子夏之起予，則亦不能無也。○胡氏曰：以非助我而言，似有不足於顔子之意，謂其無所不說，則凡精粗若巨若細，莫不懽然領受，而畧無毫髮之疑矣。○厚齋馮氏曰：夫子固無待於助，然於事物之理，因人之疑問而遂得以發明之，是亦助也。○新安陳氏曰：如終日不違，語之不惰，皆無所不說之驗。

○子曰：孝哉閔子騫！人不間於其父母昆弟之言。間，去聲。

胡氏曰：父母兄弟稱其孝友，人皆信之無異辭者，蓋其孝友之實有以積於中而著於外，故夫子嘆而美之。

吳氏曰：夫子於弟子未嘗稱字，此或集語者之誤。○勉齋黄氏曰：父母昆弟之言或出於私情，人無所非間於其言，是爲公論，夫子所以稱之。○慶源輔氏曰：父母昆弟稱其孝友者固有之矣，然或溺於愛，蔽於私，則誠否未可知也。至於人皆信之，無有間言，則誠著而德彰矣。○胡氏曰：按韓詩外傳，閔子早喪母，父再娶，生二子。繼母獨以蘆花衣子騫，父覺之，欲逐其妻。子騫曰：母在一子寒，母去三子單。母得免逐，其母聞之，待之均平，遂成慈母。今論其言，藹然惻怛之意溢於詞表，故内則有以孚其家，外則有以孚於人，自内及外，無有異詞也。○雲峯胡氏曰：孔門豈獨閔子爲孝，而夫子獨稱之？他人之孝處人倫之常，閔子之孝處人倫之變，處變而不失其常，此夫子所以稱之歟。○新安陳氏曰：夫子惟稱其孝，集註兼及於友者，蓋友于兄弟，就昆弟之言見其友也。詩曰：

兄弟既翕。和樂且湛。子曰。父母其順矣乎。蓋孝友一理。孝者必友。不友則非孝矣。只觀三子單之語。友之實可見。間字不必訓非。只訓別異自明白。外人稱之不異於父母兄弟之言。非孝友之實積中著外能如是乎。夫孝。德之本也。人之行莫大於孝。閔子以德行稱亞於顏子。宜哉

○南容三復白圭。孔子以其兄之子妻之。三妻並去聲

詩大雅抑之篇曰。白圭之玷。丁忝丁念二反尚可磨也。斯言之玷。不可爲也。南容一日三復此言。事見形甸反家語。蓋深有意於謹言也。家語弟子行篇云。獨居思仁。公言仁義。其於詩也。則一日三復白圭之玷。是宮縚之行也。孔子信其能仁。以爲異士○朱子曰。南容三復白圭。不是一旦讀此。乃是日日讀之。玩味此詩而欲謹於言行也此邦有道所以不廢。邦無道所以免禍。故孔子以兄子妻之此是合公冶長篇子謂南容章解之○范氏曰。言者。行去聲下同

之表行者言之實未有易去聲其言而能謹於行者南容欲謹其言如此則必能謹其行矣雙峯饒氏曰表與裏對實與華對言爲表而行爲裏行爲實而言爲華各舉其一以互見免於刑戮只是不以輕言妄動取禍若當言而言雖箕子之囚比干之死豈容苟免

○季康子問弟子孰爲好學孔子對曰有顏回者好學不幸短命死矣今也則亡

范氏曰哀公康子問同而對有詳畧者臣之告君不可不盡若康子者必待其能問乃告之此教誨之道也詳見雍也篇不遷怒章○慶源輔氏曰聖人一言之間輕重之等則有截然不可亂者

○顏淵死顏路請子之車以爲之椁

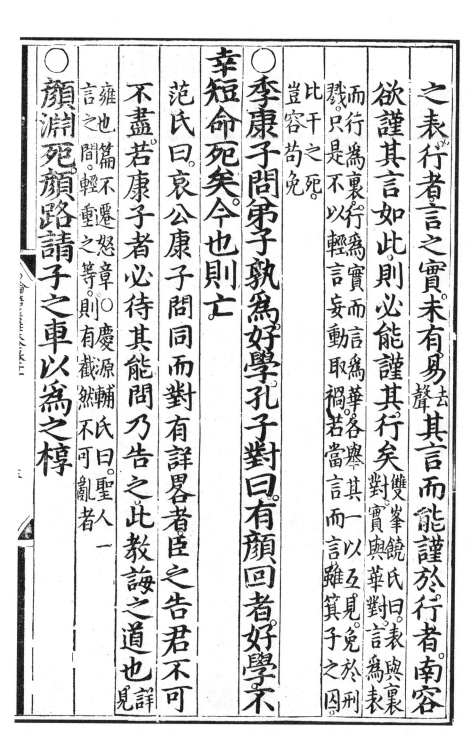

顏路。淵之父。名無繇。音由 少去聲 孔子六歲。孔子始教而受學焉。椁。外棺也。請爲椁。欲賣車以買椁也

子曰。才不才。亦各言其子也。鯉也死有棺而無椁。吾不徒行以爲之椁。以吾從大夫之後。不可徒行也

鯉。孔子之子伯魚也。先去聲 孔子卒。言鯉之才雖不及顏淵。然已與顏路以父視之。則皆子也。孔子時已致仕。尚從大夫之列。言後。謙辭。閒以弟子之年考之。則回之死先於鯉。故有以鯉也爲夫子之設言者信乎。朱子曰。以人情言之。不應如此。且王肅信家語最篤。而亦以此爲年數之錯誤。今安得固守而必信之乎。○南軒張氏曰。聖人正大之情。天地之情也。鯉雖不可以並淵。然在己則子也。無椁則亦已矣。淵雖賢而父之於子也。亦稱家之有無而已。又何必強爲之椁乎。夫子視淵固猶子也。不得舍車於鯉。則亦不得舍車

於淵矣。○厚齋馮氏曰。伯魚聞詩聞禮。未爲不才。視子淵則才不及耳。唯自言其子。故曰不才。○胡氏

曰。孔子遇舊館人之喪。嘗脫驂以賻之矣。禮檀弓篇孔子之衛遇舊館人之喪。入而哭之哀。使子貢說驂音脫參而賻之。騑馬曰驂。賻。助也。助喪用也今乃不許

顏路之請何邪。俗作耶葬可以無椁。驂可以脫而復扶又反

求。大夫不可以徒行。命車不可以與人而鬻余六反諸市

也。王制曰。命服命車。不粥與鬻同於市○問命車。朱子曰。記禮云。大夫賜命車且爲去聲所識

窮乏者得我而勉強上聲以副其意。豈誠心與直道哉。或

者以爲君子行禮。視吾之有無而已。此蘇氏說。夫平聲君子之

用財。視義之可否。豈獨視有無而已哉。慶源輔氏曰。葬之禮。椁周於棺宜也。然貧不能具。則椁亦可廢。車之制。驂參於服。宜也。然欲輟而用。則驂或可脫。義之所可。則脫驂以賻舊館

人而不吝。義不可。則於顏淵之厚而不從其父爲椁之請此可見聖人處事之權衡

○顏淵死。子曰。噫。天喪予。天喪予。喪去聲

噫傷痛聲。悼道無傳若天喪己也勉齋黄氏曰。顏子在則夫子雖死而不亡。以道存也。顏子死。則夫子雖存。道固無傳。終亦必亡而已矣。故以顏子之死而爲己之喪也○新安陳氏曰。夫子之道賴顏子以傳者也。顏子在則道有傳。孔子他日雖死而不死。顏子死則道無傳。孔子今日雖未亡而已亡。故不謂天喪回。而曰天喪予。良可悲矣○洪氏曰。孔顏一體也。回何敢死。子在故也。天喪予。回死故也○雲峯胡氏曰。夫子上接文王之傳。則曰天將喪斯文。下失顏淵之傳。則曰天喪予。然則道統之絕續皆天也

○顏淵死。子哭之慟。從者曰。子慟矣。從去聲

慟哀過也

曰。有慟乎

哀傷之至不自知也

非夫人之爲慟而誰爲夫音扶爲去聲

夫人謂顔淵言其死可惜哭之宜慟非他人之比也○胡氏曰痛惜之至施當其可皆情性之正也勉齋黄氏曰以夫子之聖而得顔淵盖將相與講明斯道以示天下後世其爲助大矣不幸而短命死焉夫子安得不興喪予之嘆而不自知其爲慟耶○新安陳氏曰觀不自知其慟若過也然哭顔淵而慟非過也其哀之發而中節者歟

○顔淵死門人欲厚葬之子曰不可

喪具稱家之有無禮檀弓篇子游問喪具夫子曰稱家之有無貧而厚葬不循理也故夫子止之朱子曰門人謂回之門人○潛室陳氏曰喪禮固有分亦須兼稱貧富固有分雖得爲而貧不能舉禮者故云稱家之有無分不得爲者不在此限孟子不得不可以爲悅無

財不可以爲悦兩言最盡

門人厚葬之

蓋顔路聽之新安陳氏曰蓋疑辭以請車爲椁觀之疑顔路聽之也

子曰回也視予猶父也予不得視猶子也非我也夫二三子也

嘆不得如葬鯉之得宜以責門人也南軒張氏曰顔子在聖門門人莫先焉故於其喪門人記夫子所以處之者甚詳仁之至義之盡也○勉齋黄氏曰門人欲厚葬尊賢之情也子曰不可安貧之義也蓋不以情勝義所謂愛人以德而不以姑息也喪予之嘆有慟之哀非厚於顔子也爲道也請車却之厚葬責之非薄於顔子也爲道也聖人之心無適非道也○慶源輔氏曰此與請車弗從事異而理同顔路請車爲椁溺於愛也夫子不遂許之裁以義也夫子止門人之厚葬蔽以理也顔路從而聽之牽於私

也。聖庸之所以分。天理人欲之間而已。○雲峯胡氏曰。無臣而爲有臣。非理也。豈所以葬夫子。家貧而厚葬。非理也。豈所以葬顔子

○季路問事鬼神。子曰。未能事人。焉能事鬼。敢問死。曰。未知生。焉知死。焉於虔反

問事鬼神。蓋求所以奉祭祀之意。而死者人之所必有。不可不知。皆切問也。然非誠敬足以事人。則必不能事神。非原始而知所以生。則必不能反終而知所以死。朱子曰。反。只是推轉來。謂推原於始。却折轉來看其終。原字反字皆就人說。反如回頭之意。○慶源輔氏曰。死生者氣之聚散耳。倘不能推原其始而知氣聚故生。必不能反要於終而知氣散故死也。○新安陳氏曰。深意在二所以字。易繫辭曰。原始反終。故知死生之說蓋幽明始終。初無二理。但學之

有序不可躐等。故夫子告之如此。覺軒蔡氏曰。夫子以未能對焉能。以未知對焉知。正欲子路循其序而不躐等也。○新安陳氏曰。由明而幽。由始而終。則爲有序。未能事人而先欲事神。未知生而先欲知死。則爲躐等。○程子曰。晝夜者死生之道也。知生之道。則知死之道。易繫辭曰。通乎晝夜之道而知。朱子本義曰。通猶兼也。晝夜即幽明死生鬼神之謂。盡事人之道。則盡事鬼之道。死生人鬼。一而二。二而一者也。問。一而二。二而一。是兼氣與理言之否。朱子曰。有是理則有是氣。有是氣則有是理。氣則二。理則一。○慶源輔氏曰。晝夜者。氣之明晦也。死生者。氣之聚散也。故晝夜之道。即死生之道也。明則有晦。聚則有散。理之自然也。一而二者。人鬼死生雖是一理。而有幽明始終之不同。二而一者。雖有幽明始終之不同。而其理則未嘗有二也。○潛室陳氏曰。死生人鬼。雖幽明之事。了不相關。然天地間。不過陰陽聚散屈伸。聚則生。散則死。伸爲神。屈爲鬼。有聚必有散。有伸必有屈。理一而分殊。分殊而理則一。非微昧不可究詰之事也。或言夫子不告子路。不知此乃所以深告之也新安陳氏曰。告之以所當先能曉先知者。是即所以深告之○朱子曰。事人事鬼以心言。知生知死。以理言○人且從分明處理會去。如事君親盡誠敬之心。即移此心以事鬼神。則祭如在。祭神如神在。人受天所賦許多道理。自然完具無欠闕。須盡得這道理。到那死時。乃知生理已盡。亦安於死而無愧矣○這事道理合如出則事公卿。入則事父兄。事其所當事者。事鬼亦然。苟非其鬼而事之。則諂矣○問未知生焉知死。曰。氣聚則生。氣散則死。才說破。則人便都理會得然。須知道人生有多少道理。自一稟五常之性以來。所以得父子有親。君臣有義者。須要一一盡得這生底道理。則死底道理皆可知矣○問天地之化雖生生不窮。然而有死聚必有散。有生必有死。能原始而知其聚生而生。則必知其後必散而死。能知其生也得於氣化之日。初無精神寄寓於太虛之中。則知其死也與氣而俱散。無復更有形象尚留於冥漠之內。曰。死便是都散了○盡愛親敬長貴貴尊賢之道。則事鬼之心不外乎此矣。知乾坤變化萬物受命之理。則生之有死可得而推矣。夫子之言固所以深曉子路。然學不躐等。於此亦可見矣○

天道流行。發育萬物。人得之以有生。氣之清者爲氣。知覺運動。陽之爲也。氣之濁者爲質。形體。陰之爲也。氣曰魂。體曰魄。高誘注淮南子曰。魂者陽之神。魄者陰之神。以其注乎形氣。故曰神。人所以生。精氣聚也。人只有許多氣。須有箇盡時。盡則魂氣歸於天。形魄歸於地而死矣。人將死時。熱氣上出。所謂魂升也。下體漸冷。所謂魄降也。此所以有生必有死。有始必有終也。夫聚散者。氣也。若理則泊在氣上。初不是凝結別爲一物。但人分上合當恁地便是理。不可以聚散言也。然人死氣雖終歸於散。亦未便散盡。故祭祀有感格之理。先祖世次遠者氣之有無不可知。然奉祭祀者既是他子孫。畢竟只是一氣。所以可感通。然已散者不復聚。釋氏却謂人死爲鬼。鬼復爲人。如此。則天地間常只是許多來來去去。更不由他造化生生。必無是理也。至伯有爲厲。伊川云別是一般道理。爲其人氣未盡而强死。自是能爲厲。如子產爲之立後。使有所歸。遂不爲厲。亦可謂知鬼神之情狀矣。○雙峯饒氏曰。未能事人。焉能事鬼。如人有箇父母活在這裏。尚不會奉事。得死後如何會奉事。○蔡氏曰。事人事鬼。以所能之事言。知生知死。以所知之理言。

○閔子侍側誾誾如也子路行行如也冉有子貢侃侃如也子樂誾侃音義見前篇行胡浪反樂音洛

行行剛强之貌子樂者樂得英才而教育之朱子曰誾誾者外和內剛德氣深厚所謂和悅而諍者也侃侃則和順不足而剛直稍外見矣前篇之訓固亦如此○冉有子貢侃侃如也侃侃剛直之貌以二子氣象觀之賜之達求之藝皆是有才底人大凡人有才便自暴露便自然有這般氣象閔子純於孝自然有誾誾氣象○誾誾是深沉底侃侃是發露圭角底行行是發露得粗底○問誾誾行行侃侃皆是剛正之意如冉求平日自是箇退遜之人如何也解有此意思曰三子皆意思大同小異求賜則微見其意子路則全體發在外閔子則又全不外見然此意思亦自在三子者皆有疑必問有懷必吐無有遮覆含糊之意○蔡氏曰此章當以侍側時爲主以觀四子氣象四子皆無柔佞之失惟和悅而諍者得事上之宜剛直則施於敵己以下爲宜剛强則施於上下皆不當矣動容各適時中之謂禮觀四子侍師之禮可知

其得失矣。禮失其宜，則凶悔吝之象可由之而見。子路
侍夫子行行如此，於他人可知。○問：於行行者有何樂？
雙峯饒氏曰：樂字終難說，所以集註以爲或是曰字之
誤。朱子釋經之法，到疑處且先就本文解，後面却說破。

若由也不得其死然。

尹氏曰：子路剛强，有不得其死之理，故因以戒之。其後
子路卒死於衛孔悝音恢之難。去聲○左傳哀公十五年，衛孔圉孔文子取太子蒯
聵之姊孔伯姬生悝。太子自戚入，適伯姬氏。既食，孔伯姬杖戈而先，太子與五人介，被甲也。輿豭從之。豭，豚也。
欲用以盟，迫孔悝於廁，强盟之。孔氏專政，故劫悝，欲令逐輒。遂劫以登臺。欒寧聞亂，使告季子。子路也。時爲孔
氏邑宰。召獲奉衛侯輒來奔。季子將入，遇子羔將出。子羔，衛大夫高柴，孔子弟子。將出奔。曰：門已閉矣。季子曰：
吾姑至焉。子羔曰：弗及。言政不及己。不踐其難。季子曰：食焉不辟避同其難。子羔遂出。子路入，及門，有使者出，
乃入。曰：太子焉用孔悝，雖殺之，必或繼之。且曰：太子無勇，若燔臺半，必舍孔叔。太子聞之懼，下石乞、盂黶敵子

路。二人太子之黨以戈擊之斷纓。子路曰。君子死。冠不免。結纓而死。洪氏曰。漢書引此句上有曰字。或云上文樂字即曰字之誤朱子曰。然者未定之辭。聖人雖謂其不得其死。使子路能變其氣習。亦必有以處此。○問由之死疑其甚不明於大義。豈有子拒父如是之逆而可以仕之乎。曰。然。仲由之死也。有些沒緊要。然誤處不在致死之時。乃在於委質之始。○子路為人麤。於精微處多未達。其事孔悝。蓋其心不以出公為非故也。何以見得他如此。如衞君待子為政。夫子欲先正名。他遂以為迂。可見他不以出公為非。故其事悝蓋自以為善而為之。而不知其為非義也。○南軒張氏曰。孔悝被劫子路死之。若不可謂之不得其死。然其從孔悝始擇之不善。不幾於不得其死乎。若比干可謂得其死矣。然則求生害仁者。謂之不得其生可也。子路雖不得其死。不與此類固不可同日語矣。○新安陳氏曰。夫子初謂由不與得其死然。只如平常說死非正命之謂。未說到不得死所處。先儒云。感慨殺身者易。從容就義者難。此是後來死處死之得失。使子路能因夫子警之而變其粗厲之氣習。使夫子之言不中。上也。若能審義而仕。以義而死。則

死得其所。雖不幸中夫子之言。而無負於夫子之教。不可謂之不得其死矣。而子路終不能也。惜哉

○魯人爲長府

長府藏去聲名。藏如字貨財曰府。爲蓋改作之

閔子騫曰。仍舊貫如之何。何必改作

仍因也。貫事也。王氏名安石。字介甫。臨川人曰。改作勞民傷財。在於得已則不如仍舊貫之善。南軒張氏曰。先儒謂長府爲藏貨財之府。貨財之府無故而改爲得無示人以崇利聚斂之意乎。故閔子以爲當仍舊貫而不必改也。○慶源輔氏曰。古人改作必不得已者也。改作府藏意必有可已而不已者。故子騫以是諷之

子曰。夫人不言。言必有中夫音扶　中去聲

言不妄發。發必當去聲理。惟有德者能之。南軒張氏曰。有中中於理也。○

雙峯饒氏曰：觀此章，可見閔子誾誾之氣象。始言仍舊貫如之何，辭氣雍容，似有商量未決之意，此和悅意也。繼之曰何必改作，則有確乎不可易者，此諍之意也。長府之不必改作，人或能言之。夫子所以稱之者，不特取其言之當理，亦喜其言之發而中節，所謂有德之言也。○新安陳氏曰：左傳昭公二十五年，公居於長府，即此長府也。改作之事，經傳不載。使因閔子而止，則仁人之言其利博矣。閔子本不尚言語，而言必有中，惟有德者能有言也。專事言語者，其言未必雍容簡當如此。

○子曰：由之瑟，奚爲於丘之門？

程子曰：言其聲之不和，與己不同也。家語云：子路鼓瑟，有北鄙殺伐之聲。蓋其氣質剛勇而不足於中和，故其發於聲者如此。覺軒蔡氏曰：按說苑，子路鼓瑟有北鄙之聲，孔子曰：南者生育之鄉，北者殺伐之地，故舜造南風之聲，其興也勃然；紂爲北鄙之聲，其廢也忽然。家語辨樂解篇子路鼓瑟一段與此小異。

門人不敬子路。子曰：由也升堂矣，未入於室也。

門人以夫子之言遂不敬子路，故夫子釋之。升堂入室，喻入道之次第。言子路之學已造七到反乎正大高明之域，特未深入精微之奧耳。未可以一事之失而遽忽之也。

南軒張氏曰：由入室言，則升堂爲未至；由宮墻之外望，則升堂大有間矣。聖人斯言，非特以言子路，亦使門人知學之有序也。○慶源輔氏曰：子路剛明而麁麤率之氣未除。觀其勇於行義，欲車裘共敝，及程子謂其達却便是堯舜氣象，則其升堂可知。至於以正名爲迂，而不知食輒之食爲非義之類，是未入室之驗也。○雲峯胡氏曰：正大高明，形容堂字。精微之奧，形容室字。精矣，未入於室，是子路已學而未深入精微之奧，亦不入於室，是善人未學而不能入聖人之室者也。

○子貢問：師與商也孰賢？子曰：師也過，商也不及。

子張才高意廣而好(去聲)爲苟難(荀子曰。君子行不貴苟難)故常過中。

子夏篤信謹守而規模狹隘故常不及(雙峯饒氏曰。觀答問交一章。及曾子稱其堂堂。可見子張才高意廣。觀令尹子文陳文子之事。可見其好爲苟難。觀先傳後倦章。可見子夏能篤信聖人之敎而謹守之。觀可者與之。不可者拒之之言。可見其規模狹隘。○朱子曰。二子合下資質是這模樣。子張常要將大話盖將去。子夏便規規謹守。看論語中所載子張說話及夫子告子張處。如多聞闕疑。多見闕殆之類。如子張自說我之大賢歟。於人何所不容。我之不賢歟。人將拒我。如之何其拒人也。此說話固是好只是他地位未說得這般話。這是大賢以上聖人之事。他便把來盖去。其踈曠多如此。孔子告子夏如云無爲小人儒。又云無欲速。無見小利。如子夏自言可者與之其不可者拒之。小子當灑掃應對進退之類可見。二子晚年進德雖不可知。然子張之語終有慷慨激揚之氣。子夏終是謹守規矩也)

曰。然則師愈與(平聲)

愈猶勝也

子曰：過猶不及。

道以中庸爲至。賢知去聲之過，雖若勝於愚不肖之不及，然其失中則一也。慶源輔氏曰：子貢所謂「然則師愈與」者，以才質言也；夫子所謂「過猶不及」者，以義理言也。以才質論之，則賢智之過雖若勝於愚不肖之不及；以義理論之，則過與不及皆爲失中，而於道均爲未至也。○尹氏曰：中庸之爲德也，其至矣乎！夫音扶過與不及，均也。差之毫釐，繆以千里。故聖人之教，抑其過，引其不及，歸於中道而已。慶源輔氏曰：過不及生乎氣稟之偏。中則指義理之當然處言也。差之毫釐，即謂過與不及也。於焉毫釐過乎中與不及乎中耳。過而不知所以自抑，則過者愈過；不及乎中而不知所以自勉，則不及者愈不及。積之至久，則相去不啻千里矣。○新安陳氏曰：集註不過引中庸賢知愚不肖之說。以發明過猶不及之旨。非指子夏爲愚不肖也。正文之意。只言過不及均失中耳。聖人之教以下。本文未有此意。說聖人造就二子而欲歸之中道。乃此章言外意

○季氏富於周公。而求也爲之聚斂而附益之。爲去聲

周公以王室至親。武王之弟。成王之叔父有大功。位冢宰。其富宜矣。季氏以諸侯之卿而富過之。非攘奪其君。刻剝其民。何以得此。冉求爲季氏宰。又爲去聲之急賦稅以益其富

子曰。非吾徒也。小子鳴鼓而攻之可也

非吾徒。絕之也。小子鳴鼓而攻之。使門人聲其罪以責之也。聖人之惡去聲黨惡而害民也如此。然師嚴而友親。故已絕之。而猶使門人正之。又見其愛人之無已也。慶源

輔氏曰。師道尊嚴而朋友親暱。理固然也。聖人愛人終無已。天地之心也。雖絕之而猶不忘乎愛。雖不忘乎愛而事之當絕者。又不但已。此仁之至。義之盡也。○新安陳氏曰。泛觀鳴鼓攻之。似是惟罪責棄絕之耳。集註謂猶使門人正救之。於嚴厲之義氣中。有愛厚之仁意焉。孔子之心。微朱子其孰能知哉。

○范氏曰。冉有以政事之才施於季氏。故爲不善至於如此。由其心術不明。不能反求諸身。而以仕爲急故也。新安陳氏曰。使能反身脩德。則知吾身自有良貴。而不急於仕矣。○朱子曰。人最怕資質弱。若求之徒。却是自扶不起。如云可使足民。而反爲季氏聚斂。故范氏謂其心術不明。他這所在都不自知。他只緣以仕爲急。故從季氏。見他所爲如此。又拔不出。一向從其惡。○問冉求學於夫子。於門弟子中亦可謂明達者。今乃爲季氏聚斂何耶。曰。冉求之失不待聚斂而後見。自其仕於季氏。則已失之矣。當是時達官重任。皆爲公族之世官。其下則尺地一民。皆非君之有。上雖不仕則已。仕則未有不仕於大夫者也。使求仕於季氏。能勸之黜其強僭而忠於公室。則庶乎小貞之吉矣。今乃反爲之聚斂。是使權臣愈强。而公室愈不振也。故孟子以無改於其德而賦粟倍他日言之。蓋不自知其學之未至。而以從仕爲士之常。是以流靡而至此耳。曰。然則夫子曷不於其仕季氏而責之也。曰。聖人以不仕無義。而猶望之以小貞之吉也。○問以季氏之富。而求也爲之聚斂。曰。不問季氏貧富。若季氏雖富。而取於民有制。亦何害。此必有非所當取而取之者。故夫子如此說。○南軒張氏曰。冉有既爲季氏之臣。所當正救其非。使之由於法度。今既不能正。而又順其所爲私門益以封殖。則公室益以衰弱。此求之所以得罪於聖門爲深也。原求所以至此。蓋不能如閔子見幾而作。因循陵遲而不自知也。○勉齋黃氏曰。聚斂已自不是。況季氏以諸侯之卿而富過於周公。則本富强矣。今又聚斂以附益之。則非義之中又非義矣。聖人所以惡之深也。○厚齋馮氏曰。按國語季康子欲以田賦使冉求訪諸孔子。孔子曰。若季孫行而法。則有周公之籍矣。若欲犯法。則苟而賦。又何訪焉。季氏卒用田賦。左傳哀公十一年亦載此事。所謂富於周公者此也。夫季氏欲變周公之法以自富。其心猶不安於君子之論。而使冉有問之。冉有自止之可也。不然。聞孔子之言以反命而力止之。可也。又不然。去之可也。今不惟不能諫止而不能去。反爲之宣力而不辭。此夫子所以切責之也。○雲峯胡氏曰。春秋於爲長府不書。必閔子諫止之力。於此事書曰用田賦。其爲冉有阿附之罪明矣。朱子以冉求之失。不徒見於聚斂。而已見於仕季氏之初。然則閔子之得。豈不在於辭費宰之初歟。

○柴也愚。

柴。孔子弟子。姓高。字子羔。衛人。愚者。知去聲不足而厚有餘。家語記其足不履影。啓蟄不殺。方長上聲不折。執親之喪。泣血三年。未嘗見賢遍反齒。見齒。笑也。避難去聲而行。不徑不竇。可以見其爲人矣。家語弟子行篇。高柴自見孔子。出入於戶。未嘗越履。往來過之。足不履影。啓蟄不殺。方長不折。執親之喪。泣血三年。未嘗見齒。是高柴之行也。○致思篇。蒯聵之亂。季羔逃之。走郭門。守門者曰。彼有缺。季羔曰。君子不踰。又曰。彼有竇。季羔曰。君子不隧。隧。從竇出 又曰。於此有室。季羔乃入焉。○朱子曰：不徑不竇，只安平無事時可也。若當有寇盜患難，如何專守此以殘其軀？此柴所以爲愚。觀聖人微服過宋，只守不徑不竇之說不得。然子羔也是守得定。若更學到通變處盡好。正緣他學有未盡處。○柴也是箇謹厚底人，不曾見得道理，故曰愚。

參也魯

魯，鈍也。程子曰：參也竟以魯得之。又曰：曾子之學，誠篤而已。聖門學者聰明才辨不爲不多，而卒傳其道乃質魯之人爾。故學以誠實爲貴也。尹氏曰：曾子之才魯，故其學也確，克角反所以能深造七到反乎道也。朱子曰：曾子魯鈍難曉，只是他不肯放過，直是捱得到透徹了方住。不似別人只畧綽見得些小了便休。今一樣敏底見得容易，又不能堅守。鈍底捱得到畧曉得處，便說道理止此，便不深求。惟曾子不肯放舍。若這事看未透，直是捱得到盡處。所以竟得之○緣他質魯鈍不便理會得故著工夫遂見得透徹若理會不得便放下了如何得通透終於魯而已○若是魯鈍者却能守其心專一明達者每事要入一分半上落下多不專一○曾子遲鈍直辛苦而後得之○問參也魯魯却似有不及之意曰魯自與不及不相似魯是質朴渾厚意思只是鈍不及底恰似一箇物事欠了些子○慶源輔氏曰遲鈍者不能便明了須用工夫方透聰明者所見雖快所造則淺方涉其藩而自謂入其奧者多矣曾子之資魯鈍初若難入而求之不敢有易心故其誠篤而無始終作輟之殊所以其造反深也

師也辟婢亦反

辟便平聲辟也謂習於容止少誠實也慶源輔氏曰子張務外留意於容儀

由也喭五旦反

喭粗俗也傳去聲稱喭者謂俗論也慶源輔氏曰由粗俗夫子嘗以爲野○

楊氏曰四者性之偏語音御之使知自勵也南軒張氏曰愚則專而有所不通魯則質而有所不敏辟則文煩喭則氣俗此皆其氣禀之偏夫子言之使之因所偏矯厲而擴充也○問柴愚參魯師辟由喭此乃生質之偏如此夫子言之所以欲四子克其偏而歸於全也然參竟得道統之傳何也勉齋黃氏曰愚者暗辟者少誠實喭者粗俗若夫魯則質厚而已未嘗不明未嘗不誠實未嘗粗俗比之三子已爭事況質厚者爲之難一爲之則確實下工直用力到底如弘毅如易簀等處皆可見安得不傳道耶○慶源輔氏曰愚者知不明魯者才不敏便辟則遺其內粗俗則畧乎外遺乎內則誠不足畧乎外則文飾不修此四子情質之偏也夫子所以言者欲使之自覺以治其偏而歸於中耳○厚齋馮氏曰柴參近道而柴欠疏通參欠明敏師由過中而師欠誠實由欠精密○雙峯饒氏曰四者皆指其所偏唯曾子能於偏處用工故後來一貫之唯至鈍反成至敏問偏於鈍者如何用工曰人一己百人十己千而已吳氏曰此章之首脫子曰二字甚是或疑下章子曰當在此章之首而

通爲一章二章語勢不類恐非

○子曰回也其庶乎屢空

庶近也言近道也慶源輔氏曰此與易大傳其殆庶幾乎同屢空數音朔至空匱也不以貧窶郡羽反動心而求富故屢至於空匱也言其近道又能安貧也問集註中言近道又能安貧又字似作兩截蓋樂道故能安貧而安貧所以樂道也朱子曰世間亦有貧羨而安貧者皆以爲知道可乎○空爲匱乏其說舊矣何晏始以爲虛中受道蓋出老莊之說胡氏嘗非之謂聖人之言未嘗有是屢而有間是頗復耳方其不空之時與庸人奚遠哉且下文以子貢貨殖方之尤見舊說之不可易也○潛室陳氏曰簞瓢屢空到此境界不改其樂是幾於樂天之事以此說顏子事理平實與下文貨殖正相反而地位峻絕

賜不受命而貨殖焉億則屢中去聲

命謂天命。天所賦貧富貴賤之命貨殖貨財生殖也。史記言子貢好廢舉與時轉貨貲注云。廢舉。停貯也。與時。逐時也。物賤則買而停貯。貴則逐時轉易貨賣億意度音鐸也。言子貢不如顏子之安貧樂音洛下同道。新安陳氏曰。貨殖是不如其安貧不受命是不如其樂道然其才識之明。亦能料事而多中也。程子曰。子貢之貨殖。非若後人之豐財。但此心未忘耳。然此亦子貢少去聲時事。至聞性與天道。則不爲此矣。程子曰。貨殖便生計較。纔計較。便是不受命。不受命者。不能順受正命也。○葉氏曰。或者不喻。乃謂子貢真好利者。夫樊遲學稼圃。夫子猶以爲小人。豈有子貢而無一言以正之乎○范氏曰。屢空者。簞食瓢飲屢絕而不改其樂也。天下之物。豈有可動其中者哉。貧富在天。而子貢以貨殖爲心。則是不能安受天命矣。其言而多中者億而已。非窮理樂天者也。慶源輔氏曰。不受命而貨殖。非樂天也。億則屢中。非窮理也。人能樂天安命。則心與理一。自能發言中理。不待億度。若億而後中。雖其才識之明。亦幸而已。其曰屢中。則不中者多矣夫子嘗曰。賜不幸言而中。是使賜多言也。聖人之不貴言也如是。左傳定公十五年。邾隱公邾子益來朝。子貢觀焉。邾子執玉高。其容仰。公受玉卑。其容俯。子貢曰。以禮觀之。二君者皆有死亡焉。夫禮。死生存亡之體也。將左右周旋進退俯仰。於是乎取之。朝祀喪戎。於是乎觀之。今正月相朝而皆不度。不合法度心已亡矣。嘉事不體。何以能久。高仰。驕也。卑俯。替也。驕近亂。替近疾。君爲主。其先亡乎。此年公薨。哀七年。師宵掠以邾子益來獻于亳社夏五月壬申。公薨。仲尼曰。賜不幸言而中。是使賜多言者也。○問回也其庶乎屢空。大意謂顏子不以貧窶動其心。故聖人見其於道庶幾。子貢不知貧富之定命。而於貧富之間不能無留情。故聖人見其平日所講論者多出億度而中。朱子曰。據文勢也是如此。但顏子於道庶幾。却不在此。聖人謂其如此。蓋見其好。子貢不受命也在平日。聖人亦不因其貨殖而言○勉齋黄氏曰。夫子之論回賜。一則言其得道之不同。二則言其處貧富之有異。蓋舉兩事反覆言之。貨殖則不如屢空。億中則不如其庶也○雙峯饒氏曰。此章與前章不同。前章是指氣質之偏。此章是言二子造道與用心之異。庶乎與億則屢中對。造道之異也。屢空與不受命貨殖對。用心之異也。子貢好方人。故以顏子與之並言。欲其以此自厲也

○子張問善人之道。子曰。不踐迹。亦不入於室

善人。質美而未學者也。程子曰。踐迹。如言循途守轍。善人雖不必踐舊迹。而自不爲惡。然亦不能入聖人之室也○張子曰。善人。欲仁而未志於學者也。欲仁。故雖不踐成法。亦不蹈於惡。有諸己也。新安陳氏曰。孟子曰。有諸己之謂信。此己是進信一步而說善人矣由不學。故無自而入聖人之室也朱子曰。善人是好底

質質。不必踐元本子。亦不入於室。須是要學。方入聖賢之域○問善人之道。曰。如所謂雖曰未學吾必謂之學矣之類。又問如太史公贊文帝爲善人意思也是。曰。然。只爲他截斷只到這裏。不能做向上去。所以說道不依樣子也。自不爲惡。只是不能入聖人之室○問善人者未能有諸己乎。南軒張氏曰。不能有之。則安得善。然所謂有諸己者則亦有淺深。故善人謂其不能有諸己則不可。謂其盡夫有諸己之道則亦未也○慶源輔氏曰。質不美。則不可謂之善人。然質美而好學。則進進不已。雖大與聖可以循至。又不止爲善人而已也○雙峯饒氏曰。上一句。是善人之所以爲善人。下一句。是善人之所以止於善人。所以不踐迹。以其天資之美也。所以不入室不能進於聖賢之奧。以其無學問之功也

○子曰。論篤是與。君子者乎。色莊者乎。與如字

言但以其言論篤實而與之。則未知爲君子者乎。爲色莊者乎。言不可以言貌取人也言指論字。貌指色字○程子曰。論篤言之篤厚

者也。取於人者。惟言之篤厚者是與。君子者乎。色莊者乎。未可知也。不可以論篤遂與之。必觀其行事乃可也○雲峯胡氏曰。君子者。有德必有言。中篤實外自然篤實。色莊者。有言不必有德。外篤實。中未必篤實○雙峯饒氏曰。上言論篤。下以論篤分君子與色莊。論篤亦可謂之色莊乎。蓋色字所該甚廣。凡形於外者皆可謂之色。經傳中有專指面色言者。色思溫是也。有該貌而言者。巧言令色是也。有該言貌而言者。此章色莊是也。有該言貌行事而言者。色取仁是也。問。色取仁。如何見得該行事而言。曰。居之似忠信。行之似廉潔。即所謂色取仁也

○子路問聞斯行諸。子曰。有父兄在。如之何其聞斯行之。冉有問聞斯行諸。子曰。聞斯行之。公西華曰。由也問聞斯行諸。子曰。有父兄在。求也問聞斯行諸。子曰。聞斯行之。赤也惑。敢問。子曰。求也退。故進之。由也兼人。故退之

兼人。謂勝人也。張敬夫曰。聞義固當勇爲。然有父兄在。則有不可得而專者。若不稟命而行。則反傷於義矣。子路有聞未之能行。唯恐有聞。則於所當爲。不患其不能爲矣。特患爲之之意或過。而於所當稟命者有闕耳。若冉求之資稟失之弱。不患其不稟命也。患其於所當爲者逡巡畏縮。而爲之不勇耳。聖人一進之。一退之。所以約之於義理之中。而使之無過不及之患也。胡氏曰。勇於行者。使之有所稟命。則所行必審。行之不勇者。不專勉其行。則愈流於退縮。專勉其行者。非不稟命。於父兄稟命自其所必能。不待教之耳。○新安陳氏曰。由求之問。未必同時。亦未必互問。問同答異。亦偶見而疑之。非其能問。則聖人造化二子之心。誰知之哉。前師商孰賢章。尹氏所謂聖人之教。抑其過。引其不及。歸於中道之說。與此章參看，正可相發明云。

○子畏於匡，顏淵後。子曰：吾以女爲死矣。曰：子在，回何敢死。女音汝

後，謂相失在後。何敢死，謂不赴鬬而必死也。謝氏曰：敢非不敢之敢，乃果敢之敢。○鄭氏舜舉曰：回何敢死，則是死生不在匡人而在子淵矣。蓋匡人之所欲加害者在夫子而不在子淵，故子淵之死生得自爲之也。

胡氏曰：先王之制，民生於三，事之如一，惟其所在，則致死焉。國語晉語欒共音恭子曰：民生於三，事之如一。父生之，師教之，君食音嗣之。非父不生，非食不長，非教不知，生之族也。族，類也。謂君之養我，師之教我，與生之恩同類也。故壹事之，唯其所在，則致死焉。在父爲父，在師爲師，在君爲君也。報生以死，報賜以力，人之道也。況顏淵之於孔子，恩義兼盡，又非他人之爲師弟子者而已。

慶源輔氏曰。顏淵之於孔子。蒙博約之教。得聖道之傳。眞所謂受罔極之恩者。恩深則義重。信非他人爲師弟子之比。○雙峯饒氏曰。孔之於顏。教愛兩極其至。義雖師生。恩猶父子。所以爲恩義兼盡即夫子不幸而遇難去聲回必捐生以赴之矣。捐生以赴之幸而不死。則必上告天子。下告方伯。請討以復讎。不但已也。夫子而在。則回何爲而不愛其死以犯匡人之鋒乎

問孔子不幸而遇害於匡。則顏子死之可乎。程子曰。今有二人相與遠行。則患難有相死之道。況回於夫子乎。曰。親在則可乎。曰。今有二人相與搏虎。其致心悉力。義所當然也。至於危急之際。顧曰吾有親則舍而去之。是不義之大者也。其可否當預於未行之前。不當臨難而後言也。曰。父母存。不許友以死。則如此義何。曰。有可者。遠行搏虎之譬也。有不可者。如游俠之徒。以親既亡。乃爲人報仇而殺身。則亂民也。○問顏路在。顏子許人以死何也。朱子曰。事至此。只得死。此與不許友以死之意別。不許友以死。在未遇難之前。乃可如此處。已遇難却如此說不

得○孔子恐顏回遇害故曰吾以汝爲死矣顏子荅曰子在回何敢死者謂孔子既得脫禍吾可以不死矣若使孔子遇害則顏子只得以死救之也○慶源輔氏曰孔子遇難則顏淵有致死之義孔子免焉則顏淵無致死之理今孔子既免而顏淵相失在後脫有不知而死則非義矣故其既來而孔子迎謂之曰吾以女爲死矣者恐其誤也而顏淵遽復之曰子在回何敢死者道其實也其意若相反而實相承顏淵之於孔子雖曰未達一間至此等語殆相爲一矣○趙氏曰死生亦大矣云何敢死則不以死爲重而以不輕於死爲重也○潛室陳氏曰朋友同遇患難有相死之義謂各盡其扶持救衛之道無委棄之理若死不死則有幸不幸存焉非必輕死求鬭謂之相死也○吳氏曰子在回何敢死則子不在回何敢不死甚明子不在非所當言也故言子在以見意讀者第於句内增二不字而反正互觀之則瞭然矣顏子以德行稱而善於說辭如此豈諸子所能及哉

○季子然問仲由冉求可謂大臣與平聲

子然季氏子弟自多其家得臣二子故問之慶源輔氏曰二子以

聖門高弟而仕於季氏。雖視顔閔爲慊。然其德望才業固非常人比。季氏之家其必知所尊敬矣。故子然以此自多而致問

子曰。吾以子爲異之問。曾由與求之問

異。非常也。曾。猶乃也。輕二子以抑季然也慶源輔氏曰。季然自多其家得臣二子而致問。則其言色之間必有矜大之意。且大臣既非家臣所可當。而二子又不足以盡大臣之道。故特輕以抑之

所謂大臣者。以道事君。不可則止

以道事君者。不從君之欲。不可則止者。必行己之志朱子曰。不可則止。謂不合則去。○勉齋黃氏曰。以道事君。謂審出處之宜。盡責難之義。必守我之正道。而不容悅以苟順君之私欲也

今由與求也可謂具臣矣

具臣謂備臣數而已勉齋黃氏曰大臣者異乎羣臣而超乎其上者也具臣者等乎羣臣而混乎其中者也

曰然則從之者與平聲

意二子既非大臣則從季氏之所爲而已

子曰弑父與君亦不從也

言二子雖不足於大臣之道然君臣之義則聞之熟矣弑逆大故必不從之蓋深許二子以死難去聲不可奪之節而又以陰折季氏不臣之心也○尹氏曰季氏專權僭竊二子仕其家而不能正也知其不可而不能止也

可謂具臣矣。是時季氏已有無君之心。故自多其得人。意其可使從己也。故曰弒父與君亦不從也。其庶乎二子可免矣。問孔子言由求爲具臣。曰弒父與君亦不從也。由求如是而已乎。龜山楊氏曰。弒父與君言其大者。蓋小者不能不從故也。若季氏旅泰山伐顓臾而不能救之之事是已。又問。然則或許其升堂且皆在政事之科。何也。曰。小事之失。亦未必皆從。但自弒父與君而下。或從一事。則不得爲不從。若弒父與君。則決不從矣。進此一等。便爲大臣。如孔孟之事君是也。故孔孟雖當亂世而遇庸暗之主。一毫亦不放過。○問仲由冉求氣質不同。恐冉求未必可保。仲由終是不屈。朱子曰。不要論他氣質。只這君臣大義。他豈不知。聖人也是知他必可保。然死於禍難是易。事死於不可奪之節是難事。纔出門去事君。這身已便不是自家底。所謂事君能致其身是也。如做一郡太守。一邑之宰。一尉之任。有盜賊之虞。這不成休了。便當以死守之。亦未爲難。惟卒遇君臣大變利害之際。只爭些子。這誠是難。○南軒張氏曰。弒君父不從。何必由求而能之。曾不知順從之臣始也惟利害之徇而已。履霜堅冰之不戒。馴習蹉跌以至從人弒逆者多矣。如荀彧、劉穆之之徒。始從操、裕。豈遂欲弒逆哉。惟其漸漬順長。而勢卒至此耳。雖然。自弒逆以下。苟一事不遂。而苟從之。皆爲失大臣事君之義。如由求。未免乎是也。至如他人因循以陷於大惡。則由求不至是也。○胡氏曰。方子然欲假由求以誇人。故夫子極言其失大臣之道。及其欲資由求以助己。故夫子又言其有人臣之節。應答之頃。可以沮僭竊。扶綱常。眞聖人之言也。○厚齋馮氏曰。子然。季孫意如之子。意如逐昭公者也。子然習於其父之所爲。懷無君之心。久矣。今得臣二子。故問夫子。蓋將君魯而以爲大臣也。旣抑之以具臣。及其以從之爲問。故明以弒父與君不從折之。○新安陳氏曰。弒逆非不可之大者歟。平常能不可則止者。於弒逆必不從。未能不可則止者。未可保其必不從也。由求於君臣大義固熟聞之。但察之未精耳。觀由仕於出公。末爲之死。求於伐顓臾。惟知爲季氏子孫憂。於父子君臣之義能精察之否乎。夫子於此實欲折季氏之不臣。故許由求爲死節之臣耳

○子路使子羔爲費宰

子路爲季氏宰而舉之也

子曰賊夫人之子夫音扶下同

賊害也言子羔質美而未學遽使治民適以害之厚齋馮氏曰成人有其兄死而不爲衰者聞子羔將爲成宰遂爲衰蓋子羔重厚有德足以化民子路以費數畔難治所以特舉之然子羔雖重厚有德而未學則理未明而用必窒遽使之治數畔之邑非所以全之也

子路曰有民人焉有社稷焉何必讀書然後爲學

言治民事神皆所以爲學

子曰是故惡夫佞者惡去聲

治民事神固學者事然必學之已成然後可仕以行其學若初未嘗學而使之即仕以爲學其不至於慢神而

虐民者幾平聲希矣。子路之言。非其本意。但理屈詞窮而取辦於口以禦人耳。本前焉用佞禦人以口給而言故夫子不斥其非而特惡其佞也。朱子曰。佞不是諂佞。是口快底人事不問是不是。臨時撰得話來也好。可見其佞○子路當初使子羔爲費宰。意本不是如此。只大言來答。孔子故惡其佞○范氏曰。古者學而後入政。未聞以政學者也。左傳襄公三十一年。子產曰。僑聞學而後入政未聞以政學者也蓋道之本在於脩身。而後及於治人。其說具於方册。讀而知之。然後能行。何可以不讀書也。子路乃欲使子羔以政爲學。失先後本末之序矣。不知其過而以口給禦人。故夫子惡其佞也。朱子曰。子路非謂不學而可以爲政。但謂爲學不必讀書耳。上古未有文字之時。學者固無書可讀。而中人以上固有不待讀書而自得者。但自聖賢有作。則道之載於經者詳矣。雖孔子之聖，不能離是以爲學也。捨是不求，而欲以政學，既失之矣。況又責之中材之人乎。然子路使子羔爲宰，本意未必及此，但因夫子之言而託此以自解耳。故夫子以爲佞而惡之。○三代以上，六經雖未具，考之書禮，則舜之教胄子，敷五典，與成周鄉官樂正之法，所以教夫未成之才者，蓋有道矣。三代而下，則既有書，脩己治人之術，皆聚於此，學者豈可不之讀，而遽自用乎。苟謂不必讀書，將自恃其聰明，率易妄作，而無忌憚。其失不但卑陋而已。○南軒張氏曰：子羔學未充，而遽使爲宰，其本不立，而置之於事物酬酢之地。故夫子有賊夫人之歎。夫民人社稷，固無非學，然學必貴於讀書者，以夫多識前言往行，古之人所以蓄德者，實有賴乎是。德立於己，而後可以言無適而非學也。如子路之言，將使學者以聰明爲可恃，而無敦篤潛泳之功，其甚至於廢古而任意，爲弊有不可勝言者。故夫子所以責之之深也。○慶源輔氏曰：學之已成而仕，以行其學，猶恐動與靜違，用與體乖，而或有失其宜者，況於初未嘗學，而可遽使即仕以爲學乎。

○子路曾皙冉有公西華侍坐。坐，才卧反。

皙曾參父名點

子曰以吾一日長乎爾毋吾以也長上聲

言我雖年少長於女汝同然女勿以我長而難言蓋誘之盡言以觀其志而聖人和氣謙德於此亦可見矣

居則曰不吾知也如或知爾則何以哉

言女平居則言人不知我如或有人知女則女將何以爲用也東陽許氏曰夫子之於弟子於其平日言行問答之間固知其學力之所至然其將有所待而欲爲之志則不能知也問之者欲知其自知之如何使之知有未至而自厲非獨觀人亦所以教也

子路率爾而對曰千乘之國攝乎大國之間加之以師旅因之以饑饉由也爲之比及三年可使有勇且知方也夫

子哂之乘去聲饑音機饉音僅比必二反下同哂詩忍反

率爾輕遽之貌攝管束也二千五百人爲師五百人爲旅因仍也穀不熟曰饑菜不熟曰饉方向也謂向義也民向義則能親其上死其長上聲矣哂微笑也厚齋馮氏曰子路齒先諸子又勇於進道故夫子有問必先諸子言之其言與冉有皆以三年爲斷蓋古者三載考績要其成也夫子亦曰三年有成○新安陳氏曰國介居大國間勢難爲當兵荒後時難爲能致富强且化民使向義必政教兼舉而後能之子路蓋以其實才畏盡底蘊而言也

求爾何如對曰方六七十如五六十求也爲之比及三年可使足民如其禮樂以俟君子

求爾何如孔子問也下放倣同此方六七十里小國也如

猶或也。五六十里。則又小矣。足富足也。俟君子。言非己所能。冉有謙退。又以子路見哂。故其辭益遜。朱子曰。子路使民。非若後世之孫吳。冉有足民。非若後世之管商。

赤爾何如。對曰。非曰能之。願學焉。宗廟之事。如會同。端章甫。願爲小相焉。相去聲

公西華志於禮樂之事。嫌以君子自居。故將言己志而先爲遜辭。言未能而願學也。新安陳氏曰。求云如其禮樂以俟君子。今亦若毅然欲從事於禮樂。則是以君子自居。故必先爲遜辭也。宗廟之事。謂祭祀。諸侯時見形甸反曰會。衆覜音眺曰同。周禮春官大宗伯。春見曰朝。夏見曰宗。秋見曰覲。冬見曰遇。時見曰會。殷見曰同。此六禮者以諸侯見王爲文。六服之內四方以時分來。或朝春。或宗夏。或覲秋。或遇冬。更遞

而徧。時見者無常期。諸侯有不順服者。王將有征討之事。則既朝覲。王為壇於國外。合諸侯而命事焉。春秋傳曰有事而會。不協而盟是也。殷猶衆也。十二歲王如不巡守。則六服盡朝。朝禮既畢。王亦為壇合諸侯以命政焉。所命之政。如王巡守。殷見四方。四時分來。終歲以徧時聘曰問。殷覜曰視。時聘亦無常期。天子有事乃聘之焉。竟外之臣。既非朝歲不敢瀆為小禮。殷覜謂一服朝之歲。以朝者少。諸侯乃使卿以大禮衆聘焉。五服朝在元年七年十一年。○慶源輔氏曰。周禮所謂殷。即衆也。覜即見也。

端。玄端服。章甫。禮冠。

慶源輔氏曰。禮有玄端而冕。若玉藻天子龍袞以祭。玄端朝日。諸侯玄端以祭是已。有玄端而冠。若朝玄端夕深衣是已。有玄端而章甫。如此章端章甫是已。有玄端而委貌。若晏平仲端委立于虎門是已。鄭云端取其正謂士之衣袂皆二尺二寸。而屬幅廣袤等也。然則玄端之服。古者君臣皆得服之。章甫。緇布冠也。夏曰毋追。音牟堆。啇曰章甫。周曰委貌。其制相比。皆以漆布為之。蓋三代常服行道之冠也。

相贊君之禮者。

言小。亦謙辭。

厚齋馮氏曰。會同。諸侯朝於天子之禮也。而兩君相見。亦曰會。又有同盟。當是時。諸侯朝於天子寡矣。華之言當爲兩君相見而設。夫擯詔禮樂之末也。小相又擯詔之末也。二子以子路蒙哂。故其辭謙。而子華又謙於冉有也。

點爾何如。鼓瑟希。鏗爾。舍瑟而作。對曰。異乎三子者之撰。子曰。何傷乎。亦各言其志也。曰。莫春者。春服既成。冠者五六人。童子六七人。浴乎沂。風乎舞雩。詠而歸。夫子喟然歎曰。吾與點也。鏗苦耕反。舍上聲。撰士免反。莫冠並去聲。沂魚依反。雩音于

四子侍坐。以齒爲序。則點當次對。以方鼓瑟。故孔子先問求赤而後及點也。張存中曰。史記。仲尼弟子傳。仲由字子路。卞人也。少孔子九歲。曾點字皙。與子參皆侍孔子。冉有字子有。仲弓之族也。少孔子二十九歲。公西赤字子華。魯人。少孔子四十二歲。按史記家語載。曾參少孔子四十六歲。則曾點必少孔子十餘歲。合居子路之次。希間去聲歇也。作。起也。

撰具也。朱子曰。曾點所見不同。方侍坐之時見三子言志。想見有些下視他幾箇。作而言曰異乎三子者之撰。看其意有鳳凰翔于千仞底氣象莫春和煦之時。春服單袷音夾之衣。新安陳氏曰。單。單衣。袷。袷衣。至此時則衣無絮也浴盥音管濯也。今上巳祓音拂除是也。問浴之爲盥濯祓除。朱子曰。漢志三月上巳祓除官民潔於東流水上。而蔡邕引此爲證是也。韓愈李翱疑裸身川浴之非禮。而改浴爲沿。不察此耳沂水名。在魯城南。地志以爲有溫泉焉。理或然也。風乘涼也。舞雩祭天禱雨之處。有壇墠音善樹木也。詠歌也。曾點之學。蓋有以見夫音扶人欲盡處。天理流行。隨處充滿。無少欠闕。新安陳氏曰。此等句皆是就本文反復玩味以想像曾點胸次。而於無中形容出有來故其動靜之際。從七容反容如此。朱子曰。曾點都不待著氣力說。只是他見得許多自然道理流行發見音現。觸處皆是。但舉其一事而言之耳。看他鼓瑟希。鏗爾。舍瑟而作。從容暇豫。悠然自得處。無不是這箇道理。今人讀之只做等閑說話。當時記者亦是多少仔細。又曰。門人詳記舍瑟事。欲見其從容不迫。灑落自在之意耳○慶源輔氏曰。理欲不兩立。須是人欲淨盡。然後天理自然流行。隨事隨處。不待勉强用力。自無纖毫欠缺處。然惟聖人心與理一。而後能體用兼備。自然而然。若曾晳則以天資之高。而於此有見焉耳。故集註著有以見夫四字。使自斷得曾晳所學之分量分曉。與後面程子所謂曾點狂者未必能爲聖人之事。而能知夫子之志之說相應而其言志。則又不過即其所居之位。樂音洛其日用之常。初無舍上聲己爲去聲人之意。胡氏曰。即其所居至之常者。莫春融和之時。沂水祓除之事。與其朋儕游泳自得。乃其分所宜爲而目即所可爲也。初無舍己爲人之意者。如必得國而治之。然後見其用。則在我者輕。在人者重。人必知我。則有以自見。人不我知。則將無所用於世矣。此點所以異於三子也而其胷次悠然。直與天地萬物上下同流各得其所之妙。隱然自見形甸反於言外。新安陳氏曰。直與至於之妙作一句。細分之。上下同流接天地宇。各得其所接萬物字○集註此一節二十二字。又是自無形容出有來。其言外之妙趣。不可以尋常解書訓詁體貼之例求之。必待學力進。眼目高後。自然默會之可也○慶源輔氏曰。即其所居之位。則無出位之思。樂其日用之常。無作意之爲。便見得曾點不願乎外無入而不自得之意。初無舍己爲人之意。說得點之事實。胷次悠然以下數句。又形容得點之樂處。集註此一段凡三次改削。然後見得如此平實。學者當深味之視三子規規於事爲之末者其氣象不侔矣。故夫子嘆息而深許之。而門人記其本末獨加詳焉。蓋亦有以識此矣朱子曰。曾點見得事事物物上皆是天理流行。良辰美景與幾箇好朋友行樂去。日用之間。莫非天理。在在處處。莫非可樂○問夫子何以與點也。曰。方三子之競言所志也。點獨鼓瑟其間漠然若無聞者。及夫子問之。然後瑟音少間。乃徐舍瑟起對焉。而悠然遜避若終不肯見所爲者。及夫子慰安之。然後不得已而言。而其志之所存。又未嘗少出其位。蓋澹然若將終身焉者。此夫子所以與之也。曰。

何以言其與天地萬物同流各得其所也。曰。莫春之日。生物暢茂之時也。春服既成。人體和適之候也。冠者五六人。童子六七人。長少有序而和也。沂水舞雩。魯國之勝處也。既浴而風。又詠而歸。樂而得其所也。夫以所居之位而言其樂。雖若止於一身。然以心而論。則固藹然天地生物之心。聖人對時育物之事也。夫又安有物我內外之間哉。程子以爲與聖人之志同。便是堯舜氣象者。正謂此也。或曰。曾皙胷中無一毫事。列子馭風之事近之。然乎。曰。聖賢之心所以異於佛老。正以無意必固我之累。而所謂天地生物之心。對時育物之事者。未始一息之停也。若但曰曠然無所倚著。而不察乎此。則亦何以異於虛無寂滅之學。而豈聖人之事哉。○這道理處處都是。事父母交朋友。都是這道理。接賓客是接賓客道理。動靜語默。莫非道理。天地之運。春夏秋冬。莫非道理。人之一身便是天地。只緣人爲人欲隔了。自看此意思不見。如曾點卻被他超然看破這意思。夫子所以喜之。○孔子與點。與聖人之志同者。蓋都是自然底道理。安老懷少信朋友。自是天理流行。觸處皆是。暑往寒來。山川流峙。父子有親。君臣有義之類。無非這道理。如學而時習之。亦是窮此理。孝弟仁之本。亦是實此理。所以貴乎格物者。是物物上皆有此理。此聖人事。點見得到。蓋事事物物莫非天理。初豈是安排得來。安排時便湊合。不著。這處便有甚私意來。自是著不得私意。聖人見得。只當閑事。曾點把作一件大事來說。他見得這天理隨處發見。處處皆是天理。所以如此樂。○曾點見得道理大。所以堯舜事業優爲之。視三子規規於事爲之末固有間矣。是他見得聖人氣象如此。雖超乎事物之外。而實不離乎事物之中。是箇無事無爲底道理。却做有事有爲之功業。天樣大事也做得。鍼樣小事也做得。此所謂大本。所謂忠。所謂一者是也。○曾點氣象固是從容灑落。然須見得他因甚到得如此。始得。若見得此意。自然見得他做得堯舜事業處。不可以一事言也。○曾點見道無疑。心不累事。其胸次灑落有非言語所能形容者。故雖夫子有如或知爾之問。而其所對亦未嘗少出其位焉。蓋若將終身於此者。而其語言氣象。則固位天地育萬物之事也。○曾晳不曾見他工夫。只是天資高。如夫子說吾黨之小子狂簡斐然成章不知所以裁之。這便是狂簡。如莊列之徒。皆是他自說得恁地好。所以夫子要歸裁正之。若是不裁。只管聽他恁地。今日也浴沂詠歸。明日也浴沂詠歸。却做甚麼合殺。○曾點與三子只是爭箇粗細曾點與漆雕開只是爭箇生熟曾點說得驚天動地開較穩貼三子在孔門豈全不理會義理只是較粗不如曾點之細○爲學與爲治只是一統事他日之所用不外乎今日之所存三子却分作兩截看了如治軍旅治財賦治禮樂與凡天下之事皆學者所當爲須先教自家身心得無欲直得清明在躬志氣如神則天下無不可爲之事矣○曾點以樂於今日者對三子以期於異日者對學者須是有三子之事業又有曾點之襟懷方始不偏蓋三子是就事上理會曾點是見得大意曾點雖見大意又少却事上工夫三子雖就事上學又無曾點脫灑意思○新安陳氏曰曾點所言想正對莫春之時使非對景而言亦無意思又按三子所言者事功其志實而小點所言者理趣其志高而大點不及三子所行之實三子不及點所見之高以一時所言觀之三子規規於事爲之末而點超然於理趣之高宜夫子獨與之也自今而論學者必有曾點見處之高以立其體又有三子行處之實以達於用始爲無弊不然鮮不流於狂矣

三子者出曾皙後曾皙曰夫三子者之言何如子曰亦各

言其志也已矣曰夫子何哂由也夫三之夫音扶

點以子路之志乃所優爲而夫子哂之故請其說

曰爲國以禮其言不讓是故哂之

夫子蓋許其能特哂其不遜朱子曰禮者理之顯設而有節文者也言禮則理在其中矣

唯求則非邦也與安見方六七十如五六十而非邦也者與平聲下同

曾點以冉求亦欲爲國而不見哂故微問之而夫子之

答無貶悲檢反詞蓋亦許之

唯赤則非邦也與宗廟會同非諸侯而何赤也爲之小孰

能爲之大

此亦曾晳問而夫子答也。孰能爲之大。言無能出其右者。亦許之之詞。○程子曰。古之學者優柔厭飫。有先後之序。如子路冉有公西赤言志如此。夫子許之亦以此。自是實事。後之學者好聲去高。如人游心千里之外。然自身却只在此。新安陳氏曰。此條專言三子言志平實無高遠之弊。又曰。孔子與點蓋與聖人之志同。便是堯舜氣象也。誠異三子者之撰。特行聲去有不掩焉耳。此所謂狂也。問曾點言志如何是有堯舜氣象。朱子曰。明道言萬物各遂其性。此句正好看。堯舜氣象。且看莫春時物態舒暢如此。曾點情思又如此。便是各遂其性處。堯舜之心亦只是要萬物皆如此耳。然曾點却只是見得。未必能做得堯舜事。孟子所謂狂士其行不掩焉者也○行有不揜。非言行背馳之謂。但行不到所見處爾。曾點之學。無聖人爲之依歸。怕有老莊意思。也未便做老莊。只怕其流入於老莊。○三子所志雖皆是實。然未免局於一君一國之小。向上更進不得。若曾點所見乃是大根大本。使推而行之。則將無所不能。雖其功用之大。如堯舜之治天下亦可爲矣。蓋言其所志者大而不可量也。譬之於水。曾點之所用力者。水之源也。三子之所用力者。水之流也。用力於派分之處。則其功止於一派。用力於源。則放之四海亦猶是也。○然使點遂行其志。則恐未能掩其言。故以爲狂者也。○潛室陳氏曰。凡狂者。志高而行不副。謂其志高。故見大意而聖人與之。謂其行不副。止於見大意。終不入聖人之室。子路

等所見者小。子路只爲去聲不達爲國以禮道理。是以哂之。若達。却便是這氣象也。問程子云。子路只緣不達爲國以禮道理。若達便是這氣象。如公西赤冉求二子語言之間亦自謙遜。可謂達禮者矣。何故却無曾點氣象。朱子曰。二子只是曉得那禮之皮膚。曉不得那禮之微妙處。若曉得禮。便須見得箇天高地下萬物散殊而禮制行。流而不息合同而化而

樂與焉底自然道理矣曾點却見得這箇氣象只是他見得了便休緣見得快所以不把當事他若見得了又從頭去行那裏得來○問三子皆事爲之末何故子路達得便是這氣象曰子路才氣去得他雖粗暴些纔理會這道理便就這箇比及三年可使有勇且知方上面却是這箇氣象求赤二子雖是謹細却只是安排來底又更是他才氣小了子路是甚麽樣才氣○問子路使達得却只是事爲之末如何比得這箇曰若達時事就事都見得是自然底天理理會得道理雖事爲之末亦是理也莫春者春服既成何嘗不是事爲來○問爲國不循理則必任智力不任智力則循理理不能出此二途點有見乎長育流行之體天地萬物之理所謂自然而然者但吾不以私意撓之則天地順序而萬物各得其所此堯舜事業也子路則以才氣之勝自以爲當敗壞不可支持之處而吾爲之亦能使之有成子路誠足以任此矣然不免有任智力之意故志氣激昂而氣象勇銳不若曾點之間暇平和也曰是○到爲國以禮分上便自理明自然有曾點氣象○潛室陳氏曰爲國以禮則君君臣臣父父子子事各當事物各當物終日在天理上此堯舜氣象○雲峯胡氏曰以三子言之子路未

達爲國以禮求於禮樂不敢當赤則若有志於禮樂而所言宗廟會同禮之末耳又曰。三子皆欲得國而治之。故夫子不取。新安陳氏曰。以夫子與點分別而言之。故云夫子不取。非謂夫子眞不其得國而治之也許曾點狂者也。未必能爲聖人之事而能知夫子之志。故曰浴乎沂。風乎舞雩。詠而歸。言樂音洛而得其所也。孔子之志在於老者安之。朋友信之。少去聲者懷之。使萬物莫不遂其性。曾點知之。故孔子喟然嘆曰吾與點也。朱子曰。曾點是他見得到日用之間無非天理流行。無虧無欠。是自然如此宂其見便是孔子老者安之。朋友信之。少者懷之底意思。惟曾點便見得到這裏。聖人便做得到這裏又曰。曾點。漆雕開。已見大意朱子曰。他見得這箇大綱意思。於細密處未必便理會得。如千兵萬馬。他只見得這箇。其中隊伍未必知。○曾點見雖高。漆雕開却確實。○點與參相反。父子間爲學大不同。

點天資高明。用志遠大。故能先見其本。往往於事爲間有不屑用力者。參也三省。隨事用力。旋旋䀋去。一貫之說。必待夫子告之。而後知。然一唯之後。本末兼該。體用全備。一是從下做到。一是從上見得。故傳道之任。不在其父。而在其子。虛實之分。學者必有以辨之。○問孔門英才多矣。何爲不得乎此。而點獨得之。回參不必類乎點也。而又獨得斯道之傳。何也。勉齋黄氏曰。資禀高則不局於卑。志量大則不溺於小。見識明則異說不能惑。趨向正則外誘不能移。此點之學所以人不能及也。人品不同。則學之志亦異。人爲技藝之學者。有一見而超然解悟。有終日矻矻而竟無所得者。亦無怪乎點之獨得也。若顔子則其資禀志量見識趨向當無異乎點。而深厚沈潛。淳實中正。必有過於點者。故其見雖同。而其得則異於點也。點之子參。其見不及乎晳。而其學則近於回。以其用力之篤。則遂與回等。而非點所及也。曰。晳之不及乎回參。而卒未免爲狂者之歸。何也。曰。天下之理固根於人心。而未嘗不形見於事物。爲學之方。固當存養乎德性。而亦不可不省察乎實行。夫是以精粗不遺。而表裏相應。内外交養。動静如一。然後可以爲聖學之全功也。點之志則大。質則高。識則明。趣則遠。然深厚沈潛淳實中正之意有不足焉。則見高而遺卑。見大而畧小。見識有餘而行不足。趨向雖正而行則違。此所以不及乎回參也。雖然。自回參而論之。點誠有未至。自學者論之。點之所見豈可忽哉。規規蘄蘄於文義之間。事爲之末。而胷中無所見焉。恐未易以狂語點也。

論語集註大全卷之十一